U0820225

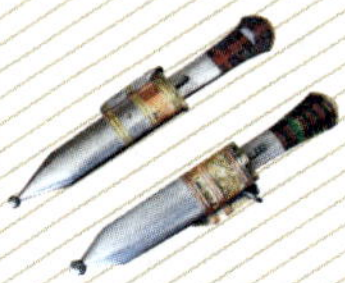

保安族历史上曾聚居于今青海省黄南藏族自治州同仁县，族称来自于该县的保安城。饱尝历史的沧桑之后，保安族几经波折，从隆务河畔迁徙到今甘肃省积石山县，创造了新的生活和文化。刚毅的保安腰刀和烂漫的“花儿”，互相映衬，表现出保安族刚柔并济、柔情侠义、豪迈乐观的民族性格。

走近中国少数民族丛书

主　编/丹珠昂奔

# 保安族

Bao'anzu

马少青　著

辽宁民族出版社

© 马少青 2014

图书在版编目（CIP）数据

保安族 / 马少青著. —沈阳：辽宁民族出版社，2014. 12
（走近中国少数民族丛书 / 丹珠昂奔主编）
ISBN 978-7-5497-0954-0

Ⅰ. ①保… Ⅱ. ①马… Ⅲ. ①保安族—民族历史—中国 ②保安族—民族文化—中国 Ⅳ. ①K283.4

中国版本图书馆CIP数据核字（2014）第310906号

走近中国少数民族丛书·保安族
ZOUJIN ZHONGGUO SHAOSHUMINZU CONGSHU·BAO'ANZU

丛书策划 / 李凤山

出版发行者：辽宁民族出版社
地　　址：沈阳市和平区十一纬路25号　邮编：110003
印 刷 者：沈阳新华印刷厂
幅面尺寸：170mm×240mm
印　　张：10.5
字　　数：156千字
出版时间：2015年8月第1版
印刷时间：2015年8月第1次印刷
责任编辑：李凤山　吴昕阳　佟　强
封面设计：杜　江
责任印制：杨　雪
责任校对：边京爱　林　华

标准书号：ISBN 978-7-5497-0954-0
定　　价：38.00元

法律顾问：陈　光
版权专有　侵权必究
如有印装质量问题，请与出版社联系调换
网　　址：www.lnmzcbs.com
举报电话：024-23284336
邮购电话：024-23284335
联系电话：024-23284340
淘宝网店：lnmz2013.taobao.com

# 《走近中国少数民族丛书》编辑委员会

主　编/丹珠昂奔（藏族）

副主编/武翠英　张学进　李凤山（蒙古族）

编　委/（按姓氏笔画为序）

| | | |
|---|---|---|
| 巴哈提（哈萨克族） | 白兰英（蒙古族） | 白庚胜（纳西族） |
| 吕　怡 | 朱　虹（蒙古族） | 权春哲（朝鲜族） |
| 吴昕阳（满族） | 佟　强（蒙古族） | 张学林（朝鲜族） |
| 李有明（回族） | 李　欣（朝鲜族） | 李　璜 |
| 杜　江 | 陈　丹（彝族） | 金顺玉（朝鲜族） |
| 钟廷雄（壮族） | 徐　凯 | 殷德俭 |
| 莫福山（藏族） | 萨仁图娅（蒙古族） | 黄如猛（壮族） |

# 《走近中国少数民族丛书》作者名录

《蒙古族》 萨仁图娅（蒙古族）

《回族》 许宪隆（回族） 张龙（汉族）

《藏族》 丹珠昂奔（藏族）

《维吾尔族》 艾克拜尔·吾拉木（维吾尔族）
买力克·买买提（维吾尔族）
伊利迪尔（维吾尔族）

《苗族》 石莉芸（苗族） 李云兵（苗族）

《彝族》 陈国光（彝族）

《壮族》 黄佩华（壮族）

《布依族》 周国炎（布依族）

《朝鲜族》 黄有福（朝鲜族）

《满族》 于今（满族）

《侗族》 杨筑慧（侗族）

《瑶族》 玉时阶（壮族）

《白族》 董建中（白族）

《土家族》 罗中（土家族） 罗午（土家族）

《哈尼族》 朱志民（哈尼族） 李泽然（哈尼族）

《哈萨克族》 艾克拜尔·米吉提（哈萨克族）
伊拉达·拉音别克（哈萨克族）

《傣族》 赵瑛（傣族）

《黎族》 罗文雄（黎族）

《傈僳族》 鲁建彪（傈僳族） 欧光明（傈僳族）

《佤族》 郭锐（佤族）

《畲族》 钟亮（畲族）

《台湾少数民族》 林华（台湾少数民族）

《拉祜族》 苏翠薇（拉祜族）

《水族》 韦学纯（水族）

《东乡族》 马兆熙（东乡族） 马自祥（东乡族）

《纳西族》 白庚胜（纳西族） 孙淑玲（汉族）
白羲（纳西族）

《景颇族》 金黎燕（景颇族）

《柯尔克孜族》 阿地里·居玛吐尔地（柯尔克孜族）

《土族》 祁进玉（土族） 东永学（土族）

《达斡尔族》 毅松（达斡尔族）

《仫佬族》 黎学锐（仫佬族） 黎炼（仫佬族）

《羌族》 雍继荣（羌族） 罗吉华（羌族）
周发成（羌族）

《布朗族》 陶玉明（布朗族）

《撒拉族》 马成俊（撒拉族） 马建新（撒拉族）

《毛南族》 韩德明（汉族）

《仡佬族》 周小艺（仡佬族）

《锡伯族》 阿苏（锡伯族） 盛丰田（锡伯族）
何荣伟（锡伯族）

《阿昌族》 们发延（阿昌族） 张斯齐（蒙古族）

《普米族》 朱凌飞（汉族） 杨周明（普米族）

《塔吉克族》 西仁·库尔班（塔吉克族）
阿力木江·西仁（塔吉克族）

《怒族》 李月英（傈僳族） 张芮婕（傈僳族）

《乌孜别克族》 吾尔买提江·阿布都热合曼（乌孜别克族）

《俄罗斯族》 乃珂热曼·依布拉音（塔吉克族）

《鄂温克族》 黄任远（汉族） 那晓波（鄂温克族）

《德昂族》 袁丽华（汉族） 王燕（汉族）

《保安族》 马少青（保安族）

《裕固族》 董潇红（裕固族） 王政德（藏族）

《京族》 吕俊彪（汉族）

《塔塔尔族》 卡米力·库尔马尤夫（塔塔尔族）

《独龙族》 李金明（独龙族）

《鄂伦春族》 王为华（汉族）

《赫哲族》 黄任远（汉族）

《门巴族》 陈立明（汉族） 张媛（汉族）

《珞巴族》 陈立明（汉族） 李锦萍（汉族）

《基诺族》 朱映占（汉族）

# 总序

中国是一个统一的多民族国家，几千年来，有着悠久历史和灿烂文化的少数民族，与汉族一道，在中华大地上繁衍生息，共同开发着这块土地，建设、发展、捍卫着这个古老而伟大的国家。各民族都是兄弟，相互离不开，都是这个国家的主人。习近平总书记在第二次中央新疆工作座谈会上发表重要讲话，指出："要坚定不移坚持党的民族政策、坚持民族区域自治制度。民族团结是各族人民的生命线。要高举各民族大团结的旗帜，在各民族中牢固树立国家意识、公民意识、中华民族共同体意识，最大限度团结依靠各族群众，使每个民族、每个公民都为实现中华民族伟大复兴的中国梦贡献力量，共享祖国繁荣发展的成果。各民族要相互了解、相互尊重、相互包容、相互欣赏、相互学习、相互帮助，像石榴籽那样紧紧抱在一起。要在各族群众中牢固树立正确的祖国观、民族观，弘扬社会主义核心价值体系和社会主义核心价值观，增强各族群众对伟大祖国的认同、对中华民族的认同、对中华文化的认同、对中国特色社会主义道路的认同。"因此，坚持平等、团结、互助、和谐的社会主义民族关系，不断增进了解、紧密关系，深化友谊、建立牢不可破的感情基础，是中国社会转型期、改革攻坚期、矛盾多发期保持社会稳定、发展的基本要求，也是实现中华民族伟大复兴的中国梦的基本要求。

为了进一步宣传我国少数民族的历史文化和民族风情，增强对少数民族的认识，宣传党的民族政策和方针，加强各民族之间的了解与沟通，让读者了解少数民族文化，加深对我党民族政策的理解，中华人民共和国国家民族事务委员会文化宣传司和辽宁民族出版社共同策划了《走近中国少数民族丛书》。

依据上述原则，《走近中国少数民族丛书》的编写有以下三个特点：第一，采用图文并茂的形式、鲜活生动的语言、特色浓郁的图片以及丰富的民族常识链接，向读者展示我国55个少数民族的历史渊源、民族变迁、社会生活、文化艺术、风俗习惯、历史人物和民族区域自治政策的伟大实践。第二，作者多为本民族专家学者和与民族研究工作相关的专家学者，对自己撰述的对象既有深厚知识积累，也有真挚情感。第三，内容彰显了历史与现实、民族文化与地域文化、民族区域自治地方与散杂居地区少数民族生产生活的多彩画卷和轨迹，引导读者走近少数民族，聆听他们的古老传说，感受他们的发展变化，加深彼此的沟通和了解。这套《走近中国少数民族丛书》是面向民族干部和各级干部通览我国少数民族概况的普及读本，也是图书馆必备藏书。

《走近中国少数民族丛书》所揭示的每一个民族的历史，都承载着这个民族的文化，也承载着这个民族的发展和未来。中华大地孕育的55个少数民族多彩斑斓的民族文化，同汉族文化一道从远古走到今天，汇入了中华文化壮阔的历史长河。“共同团结奋斗，共同繁荣发展”，保护、传承和弘扬少数民族优秀文化，不仅是推动我国民族团结进步事业的重要内容，也是构建和谐社会、实现中华民族伟大复兴的中国梦的重要使命。期待通过《走近中国少数民族丛书》，使广大读者徜徉于少数民族多彩风情的同时，更加深刻地了解和认知中华民族多元一体的文化内涵，感受中华民族悠悠历史的深远与厚重。

丹珠昂奔

2014年6月26日

# 前言

## 保安族 坚毅果敢、爱憎分明的民族

在甘肃、青海两省交界的积石山麓，奔腾激越的黄河岸边，居住着一个我国人口较少的民族——保安族。这里的大墩、梅坡、干河滩、刘集等村庄，是这个民族繁衍生息的家园。

保安族历史上曾聚居于今青海省黄南藏族自治州同仁县，同藏族、土族等一起辛勤地劳动、生活着。在饱尝沧桑的历史风霜中，他们几经波折，从隆务河畔迁徙到今甘肃省积石山下，创造新的生活。在这里，崚嶒巍峨的积石山深处是他们放牧的地方，清澈潺流的崔家峡、大峡、大墩峡流水浇灌着肥沃的农田，他们辛勤地耕作着，在这片神奇的土地上，他们勤劳而富有智慧，以坚韧不拔的超群毅力，以“筚路蓝缕，以启山林”的精神，将巉岩遍布的不毛之地，开辟成良田千顷、果树满畈、牛羊满山的美丽家园。他们在长期的历史发展进程中，不仅创造了丰富的物质生活，而且还创造了灿烂的文化艺术，为中华民族的文化宝库谱写了精美的篇章。

什样锦把子的尕刀子，
银子拉镶下的鞘子；
你我拉说下的一辈子，
半路上耍打个推辞。

这首富有诗意、婉转悠扬的“花儿”，赞美了保安族人民独具民族特色、体现民族气派的随身佩刀——保安腰刀。

保安腰刀是保安族从元代开始，一代一代流传下来的传统手工打刀技艺，也是保安族人民历经数百年岁月，用自己的聪明才智和辛勤劳动锻造出来的民族文化瑰宝。它镕铸着保安族人民的智慧和才华，见证着保安族形成发展的历史，反映着保安族的历史传统、民族精神和文化风格，蕴含着保安族人民特有的精神追求、价值观念、思维方式、想象力和创造力，堪称保安族的文化象征。

保安腰刀种类繁多，比较著名的有“波日季”“什样锦”“雅吾其”“一把手”“满把子”“双罗”“细罗”“扁鞘”“折花”“西瓜头”“鱼刀”等类型。

保安腰刀作为保安族人民的传统工艺品，享誉中外，闻名遐迩，它既为生活中的实用品，又是别致的装饰品和馈赠亲友的礼品。20世纪中叶，周恩来总理曾将保安腰刀作为礼品馈赠给外国友人。保安腰刀的制作技艺已列入国家级非物质文化遗产名录，成为中华民族传统文化的一个重要组成部分。

保安族不仅是一个勤劳的民族，还是一个富有生活情趣的民族。保安族的民歌——“花儿”，赋有特殊格律、优美动听，极具生活情趣和文化内涵，是他们最喜爱的歌唱方式。

“花儿”一般为四句，分为上下两段，上段比兴，下段抒情。一三句为单字结尾，二四句为双字结尾，这是由于当地方言主宾倒置形成的特殊句式。

保安族在演唱“花儿”时表现出独有的民族特色。在“花儿”演唱的衬词、衬句中，多使用保安口语“呀”“哎嘿”“噢呀”“哎西”等，增加了“花儿”的独特魅力。保安族演唱的“花儿”曲令有《河州令》和具有保安族特色的《保安令》《哎西干散令》《三起三落令》《大河家令》《积石关令》等。由于保安族在青海时与藏族、土族相处，落居于“保安三庄”以后与撒拉族、回族、汉族为邻。因此，所唱的“花儿”，除具有保安族特色以外，还明显地受到其他民族的影响，其音域宽广，情绪粗犷奔放，山野气息浓郁，并有柔和、抒情和欢快的特点，充分表现了保安族人民善良豪爽的气质。

保安族中有众多的“花儿”歌手。最负盛名的马木洒演唱的《冰冻三尺口子开》《辣辣地吃上搅团》《人前头争一口气哩》等，音色高亢、明亮，高低音、颤音多变而又统一，音色十分优美动听，充分体现了浓郁的保安族风味。

保安腰刀和“花儿”互相映衬，表现出保安族柔情侠义、刚柔并济、豪迈乐观的性格特点。保安腰刀象征着保安族的刚坚，“花儿”象征着保安族的多情，它们是保安族人民内在气质和文化品格的生动体现。

保安族地区还出产果中珍品——蛋皮核桃。保安族种植核桃有一百多年的历史，他们辛勤培育出来的这种核桃品种以桃壳光滑而薄、恰似“鸡蛋皮”而得名，用手一捏即可破壳，核桃仁醇肥香甜，受到大家的喜爱。

保安族信仰伊斯兰教，其浓郁的伊斯兰文化不仅塑造着他们的民族性格和风俗习惯，也浸透到他们的日常生活中，潜入到保安人的心灵深处，积淀为具有共同性的思想观念和心理素质，成为这个民族的文化传统和精神寄托。

中华民族的大家庭中，每个民族无论人口多少，都是伟大的，每个民族都在用不同的存在方式，不凡的成长经历，谱写着共同的人类历史文化。1981年，积石山保安族东乡族撒拉族自治县成立，从此揭开了保安族历史新的篇章，保安族政治、经济、文化、社会得到了长足发展。

保安族的明天将会更加辉煌！

# 目录 

# 第一章
# 从沧桑走向春天

保安先民在青海同仁地区戍边屯垦。清初，离开同仁“保安三庄”，迁至甘肃河州大河家地区。随着时代的进步和社会的发展，保安族以刚烈的秉性和勤劳的双手开拓着这片热土，固守着重建的“保安三庄”。

保安族是我国56个民族大家庭中的一员，是我国10个信仰伊斯兰教的民族之一，也是甘肃省3个特有的民族之一。保安族主要聚居在甘肃省临夏回族自治州西北部的积石山保安族东乡族撒拉族自治县，分布在自治县大河家镇的大墩、干河滩、梅坡、高李等村。此外甘肃临夏、兰州和青海、新疆等地也有少量的保安族散居。

## 族称

保安族的先民们原来居住在青海省同仁县境内，那里历史上曾先后是古代羌族、藏族聚居之地。成吉思汗时期，蒙古军队陆续进入西北藏区，其中一支信仰伊斯兰教的蒙古军队曾驻扎于隆务河畔。

秀美积石山

▼

明代以后，统治者为了巩固边防，也曾先后派兵在那里驻守。1371年，在今青海省同仁县保安城的西山曾建立保安堡。万历年间，朝廷又在同仁县（隆务镇）附近修筑了保安城堡，并设有“保安营”。在其后的岁月中，由于贸易往来、军屯、民屯、民族迁徙等原因，同仁县附近逐渐形成了有藏、汉、蒙古、回、土、撒拉等多民族大杂居、小聚居，复杂的“插花”居住情况。那时的保安族先民曾聚居在同仁地区的保安（妥加）、下庄、尕撒尔三地，当地有“保安三庄”的说法，被称为“保安人”或“保安回”。“保安”是由地名演变为族名的，一般认为该保安是元、明时期以信仰伊斯兰教的一支蒙古族为主（另一说为“探马赤军”中信仰伊斯兰教的色目人），在长期的历史发展中，吸收了一部分回族、藏族、土族等而逐渐形成。也有人认为保安族是以四川、陕西等地迁至青海同仁一带的“回回人”为主发展而来，他们原以驻军垦牧形式住在同仁境内隆务河两岸，长期与当地土族、撒拉、藏等族交往、通婚而逐步形成发展为保安族。“保安”系本族自称。

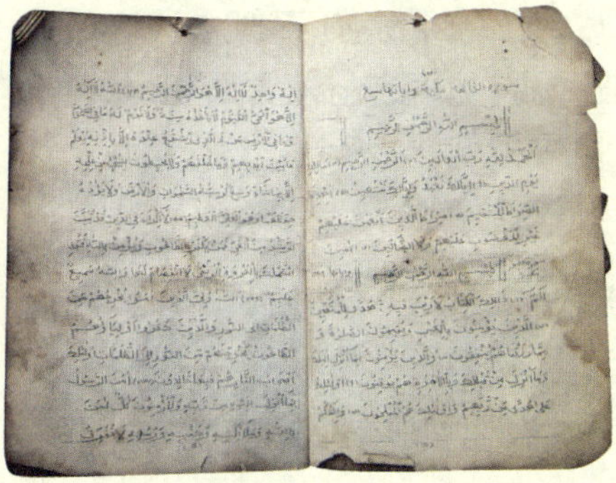

青海同仁郭麻日土族村落发现距今300多年保安族先民《古兰经》手抄本

保安族信仰伊斯兰教，由于伊斯兰教的教义几乎涉及日常生活的方方面面，保安族的民族风俗与日常生活文化同东乡族、回

保安老城墙

族、撒拉族多有相似之处。历史上保安人曾被称为“保安回”，还曾因其语言与蒙古语相似，被称为蒙古人。新中国成立后，经民族识别，于1952年3月20日由政务院批准，按照其民族意愿，以“保安”一词为基础，正式命名为保安族。

# 族源

关于保安族的族源，至今尚未形成统一的定论，在学术界和保安族内部仍存在争议，争论焦点集中在保安族最初形成时的主要组成部分是来源于信仰伊斯兰教的蒙古人，还是来自西亚、中亚的色目人，抑或是四川、河州或其他地区的回族。

较有代表性说法有两种：

一是“蒙古人说”。认为保安族是元、明时期一支信仰伊斯兰教的蒙古人随“西域亲军”东来，最先在今青海同仁地方驻军、垦牧，与周围的藏、汉、土、回等民族长期交往、融合而形成。从语言看，保安语同蒙古语族诸语言有着许多共同之处，并有45%的词汇和蒙古语为同源语词；从史籍记载看，元、明时期就有一部分信仰伊斯兰教的蒙古军在今青海同仁一带驻军、屯田、放牧；从习俗看，保安族善骑术、好枪械和摔跤，以及部分保安族人忌大年初一早晨洒扫、孩子哭闹等，都与蒙古族有一定关系。

保安三庄——大墩村

二是“色目人说”。认为保安族是以信仰伊斯兰教的色目人为主，与蒙古、藏、回、土等民族，从13世纪起，逐渐融合而形成。从宗教信仰看，元初驻扎在今青海同仁地区的“西域亲军”，包括被征调的青壮年男子、被俘的妇孺、随军的工匠、商人等都是信仰伊斯兰教；从经济看，保安族善于经商，这与当年信仰伊斯兰教的色目人中的经商传统有关，而保安族人民所擅长的打刀工艺，则与元朝蒙古军中的西域“回回工匠”有很大的关系；从体质看，保安族人体格健壮，多胡须，性格强悍，与色目人相似；从饮食习俗看，保安族精于制作的油香、馓子、凉面等面食，正是西域民族的传统美食；据现代人类遗传学对保安族的体质特征、血型分析、DNA研究成果表明，保安族源于中亚细亚，并与回族、东乡族、北方汉族的遗传基因接近。

知识链接 **回回工匠** 阿拉伯、波斯、中亚各地的伊斯兰国家和地区手工业发达，有着悠久的传统工艺。蒙古西征时，掳掠了数以十万计的“回回工匠”，仅在撒马尔罕一处，就有3万工匠被挑选出来，成吉思汗把他们分给他的诸子和族人，使他们在军中服役。这些工匠随蒙古军队东来后，又大大提高了蒙古国的手工业生产水平。

总体来说，按本民族意愿和所能接受的观点是：保安族是元朝以来一批信仰伊斯兰教的中亚色目人，在今青海同仁地区戍边、屯垦，同当地蒙古、藏、土等各族长期交往，自然融合，逐步形成的一个民族共同体。

## 漂泊中坚守

历史上，保安族生活的积石山保安族东乡族撒拉族自治县在夏朝时属于雍州；商朝和周朝时属于羌、戎等族管辖；战国末期时并入秦国版图；秦汉两代均实行郡县制，积石山先后隶属于陇西郡、金城郡的枹罕县和河关县。公元前279年，在此地设陇西郡；公元前81年，积石山隶属于金城郡枹罕县；公元

彩陶王

▲

积石山风光

前60年，在今大河家镇的康吊村设置河关县，属于金城郡管辖。自唐代起，陇右地区开始启用河州地名，虽经过历代不同民族的统治，行政区划屡有更迭，但积石山保安族东乡族撒拉族自治县始终归河州管辖。619年，设置河州，下辖枹罕，积石山归属于枹罕。1131年，金兵进入陇右地区，攻取熙、河、兰等州，河州受金朝统治。1269年，河州被改为河州路，隶属于宣政院。1371年，设置河州卫，受陕西都司西安行都卫管辖。清朝初期，积石山保安族东乡族撒拉族自治县境属于临洮府河州管辖。1705年，里甲制被废除，改设会社制，积石山地处西乡二十九会中的第十八会。1762年，移河州同知于循化营，设循化厅。

青海同仁保安城遗留的“大明将军炮”▶

据《元史》《蒙古秘史》《世界征服者史》《史集》等典籍记载：成吉思汗自1219—1225年，率领蒙古远征军征服中亚细亚，占领70多座城市和地区。每占领一地就把当地的工匠手艺人强征入蒙古军队服役。1225年，成吉思汗回师中原，军队中大量补充了从中亚诸国强征的信仰伊斯兰教的色目人。1227年，占领河州、洮州和金朝所属的积石州（今甘肃积石山，青海循化、同仁、贵德等地）。为了巩固这些新统一的地区，蒙元军队组建了一支由保安族先民工匠参加的“探马赤军”，派到现青海同仁县保安地区驻防。他们亦兵亦工，仍然从事工匠营生。

到13世纪中叶，随着“西域亲军”的多次东来，青海同仁地区开始成为过往的交通要道，各民族在此共同生活，繁衍生息。元代以来一些中亚来华的色目人和一批改信伊斯兰教的蒙古人，在青海同仁地区戍边屯垦，同当地的藏、土、汉等民族杂居。保安族的族称即来源于青海省同仁县隆务河（保安河）畔的保安城，以城而得名。

**知识链接** 相传，保安城最初是1371年为戍边、屯垦军士修建的，明廷曾在此地招募士兵，驻守西山之巅。万历年间扩建为保安城，隶属河州卫，置都指挥，管理同仁十二族（保安十二族）。

乾隆年间，保安地区增设营制，改属循化厅，改都指挥为都司。此后，发展为不断有内地兵丁驻防的永久性据点。虽然隶属关系多次变动，但大体保持了较完整的行政建制。咸丰末年至同治初年间，保安族离开了世代居住的家园，先是到了今青海循化地区，受到当地撒拉族人民的热情款待，被安置在循化城西韩姓“上四工”（街子、查加、苏只、查汗大寺）的群众家中。后因当地人多地少等原因，两年后东迁。1862—1863年，保安族过积石关，来到了今甘肃大河家地区，他们居住的大墩、甘梅、干河滩等村庄，仍被习惯地称为“保安三庄”。

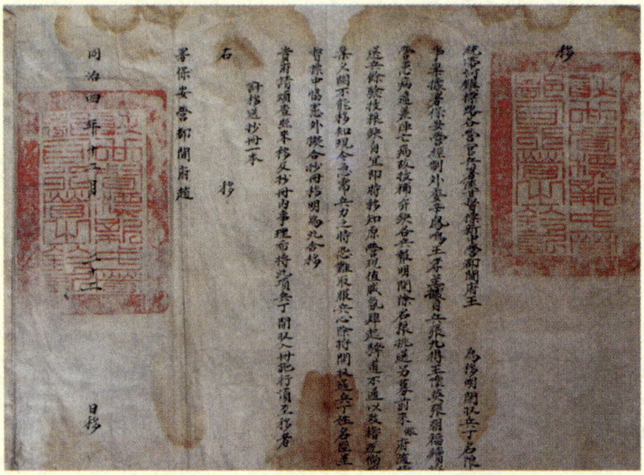

1865年，都司府王右移保安营文书

大河家镇

保安族自离开青海同仁地区定居积石山大河家等地，至今已有150年。

# 守土爱国的荣耀

保安族人民在近百年来参加的多次革命斗争，虽然都是自发性，规模有限，然而这些斗争在不同程度上维护了民族的尊严，也表现出保安族不甘屈服、热爱家园、反抗压迫、忠于国家的伟大品格。

## 抗击外寇

在抗击八国联军入侵中国的反帝斗争中，守卫在北京的“甘军”中有几十名保安族兵士，他们同其他兄弟民族一道，英勇地打击外国侵略者。在正阳门的战役中，攻取了八国联军侵占的正阳门据点，献出了自己的生命。

正阳门旧貌

## 抗日反蒋

1934年，在中国共产党领导的抗日救国革命斗争的巨大影响下，甘肃南部地区爆发10多万各族农民参加的反蒋大暴动，汉、回、藏、东乡、保安、撒拉各民族联合起来，迅速组成了一支反蒋统一战线的起义军。这次起义的熊熊烈火迫及临夏、积石山等20多个县，虽然在国民党四面八方的围攻下失败了，但它标志着甘肃民族关系史上的一个大转折，它在甘肃各族人民的历史上写下了永不磨灭的光辉一页。保安族参加的这次甘南农民起义，消除了民族间的隔阂，把斗争的矛头一致对准国民党反动派，坚持了正确的斗争方向，起义军的斗争目标是“各族人民团结起来”，“打倒贪污无能的国民党政府”。保安族人民在这次民族大联合起义中，做出了应有的贡献。

甘南农民起义纪念碑

抗日战争爆发不久，保安族人民为了抗击日军侵略，积极支持中原地区的抗日武装，转战陕、豫、皖诸省，在豫东、皖北一线与日军作战八个年头，成为中原的一支劲旅，其中3 000多名回、东乡、撒拉、保安等民族英雄为国捐躯、血染疆场，谱写了可歌可泣的爱国主义篇章。根据这一历史事件，甘肃省秦剧团的秦腔《大河情》搬上创作舞台，并在北京等城市演出获得好评。该剧展现了回族、东乡族、保安族青年英勇战斗的场面，感人至深，给观众留下了难忘的印象。

大墩村妇女在20世纪50年代的劳动场景

1949年8月，中国人民解放军第一野战军以摧枯拉朽之势，所向披靡，胜利挺进大西北。8月27日，王震大军附六十二军一八四师、一八五师（一八六师留驻临夏）进驻保安族聚居的大河家，积石山全境解放。积石山各族人民，脱离了国民党的黑暗统治，获得了新生。人民解放军进驻大河家后，关心人民群众的利益，尊重保安族等少数民族的风俗习惯。按照印发的《回民工作手册》，进村后严格执行“四不进”“三不走”的规定。8月，正值雨季，有时

知识链接 **“四不进”** 即未得到允许不进清真寺，不进未腾出的民房，不进有青年妇女的家，不随便进群众厕所。

**“三不走”** 即不扫净住宿过的房屋不走，不填好用过的厕所不走，不理清财务手续不走。

积石山大墩黑堡子西门旧址

连日阴雨，而进驻大河家的部队指战员却露宿在街道房檐下。保安族等各族群众无不为之感动，纷纷腾出房子，拉着战士们住进去，还争着送茶、送饭。由于纪律严明，对群众秋毫无犯，解放军博得了群众的高度赞扬。广大群众，尤其是老年人纷纷议论："从古到今，谁见过这样好的军队！真是

得民心者得天下!”

大军进驻大河家以后，立即进行渡河的准备工作。保安族群众，也积极行动起来，帮助部队筹备粮草，加工面粉，征集骡、马大车，组织水手。包括保安族在内的临夏各族人民，用古老的皮筏，运送人民解放军抢渡黄河天堑，挺进青海，创造了皮筏摆渡史上的一大奇迹，也谱写了一曲军民亲如鱼水，并肩战斗，致力于民族解放的凯歌。人民群众自豪地说：“羊皮筏子当军舰，渡过大军十多万。”8月30日，渡河胜利结束，解放军高度赞扬大河家各族人民在这次渡河中给予的支援。保安族人民和积石山各族人民一道用自己的实际行动迎接了解放，迎来了幸福的新生活。

大河家镇鸟瞰

## 保安精神

精神气质本意是指一个人、一个群体、一种体制的突出的特征、情操、德行或指导信念。精神、气质实质是一个心理学的概念，它和我们平素所说的“脾气”“禀性”的含意差不多。从本质上讲，气质是人的心理特性之一，是个人心理活动的稳定的动力特征，它所表现的是人的心理活动的强度、速度、稳定性、灵活性和指向性等方面的差异。一个族群的文化传统往往对培养这个民族中个体成员的气质有着重要的作用。保安族传统文化中的很多理念，在历史的发展过程中就无形地塑造了保安族的精神气质，养成了他们生存处世、待人接物的传统习惯和独特的品质。

现代保安族

在古代，保安人聚居区是土司、头人、边官武吏交叉统治的地区。历史上，保安人民因为本族群势单力薄，经受的压迫比相邻的兄弟民族更甚。在被多重势力压迫、奴役的特殊生存环境中，保安人养成了勇敢、坚强、淳朴、诚实、不排外、重友情、不向恶势力低头的高贵品质。

**孝顺父母、尊敬长辈，重家庭伦理道德** 在保安人的家庭伦理观念中最重要的是孝顺父母、尊敬长辈。保安人以此为道德准则，认为无孝心的人是罪人，是要受到世人谴责的。在伊斯兰教经典中也十分强调孝敬、服从和尊重是子女对父母应尽的义务。作为行为规范和仪礼，对老年人、长辈、阿訇和有知识的人要倍加尊敬，对双亲要孝顺仍然是保安族家庭社会伦理观念的重要组成部分。这种“孝顺”的思想观念，不仅贯穿在保安族的家庭教育、道德规范之中，在保安族的许多民间文艺作品和舞蹈中也有充分的反映。

**行善、和为贵、真诚**　保安族人民在为人处事和社会生活中恪守行善、和为贵和真诚的伦理道德准则。在保安族的日常生活中，即使是一件微不足道的小事情也要征得有关人的同意（口唤）方可行事，否则会被认为是不道德的行为。这种要“口唤”显示真诚的行为在保安族的婚礼中也有体现。新婚夫妇在洞房之夜相互问答要“口唤”的礼仪，表现了夫妻平等、互敬互爱、真

文娱生活

诚忠厚的行为规范。与这种“真诚”的伦理道德观念相同，又表现了“行善”。

保安族相信，善有善报，恶有恶报。保安族传说《神马》就反映了这一点。

“保安三庄”紧靠着巍峨的积石山，积石山正对着“保安三庄”的一条谷壑叫崔家峡。传说很久以前，崔家峡口有一眼神泉。每天太阳刚刚升起，彩霞满天的时候，从泉眼里奔出一匹雪白的神马，它欢乐地奔跑在保安人居住的土地上。每当天旱的时

▲

积石山风光

候，神马张嘴长嘶三声，清清的泉水就从泉眼哗哗流出，保安人就用它浇灌正盼水的庄稼。雨水过多的季节，神马就悄悄地把田里的雨水“咕咕”喝到肚里，积蓄起来。因此，这里的庄稼比别的地方好，真是粮食装满仓，牛羊满山坡，花果四季香。核桃，年年都是果实累累，皮薄仁香，名扬西北。保安人，年年过着丰衣足食、幸福美满的日子。

可是这样的好日子并不长久，村里有个财主叫其其巷，他看到神马的神力大，日思夜想着怎样把神马弄到自己手里。他思谋好以后，带上了干粮，背上箭，偷偷摸摸地来到神泉边上藏了起来。过了七七四十九天，还不见神马的影子，其其巷可生气了，他拉开长弓，对准泉眼狠狠射了一箭。这一箭，不偏不斜，正好射中了在泉底草滩上吃草的神马。雪白的神马痛苦地大吼一声，冲出神泉，跑进了积石山，再也没有回来。这惊天动地的吼声把

积石山震开了个大口子。于是，一股洪水像大河急流那样从这个裂口里冲了出来，怒涛滚滚，一眨眼的工夫，肥沃的田地被冲毁了，茂密的果树被冲走了，牛、羊、马匹不见了，许许多多的人都被卷走了。从这以后，美丽的山乡变成了一个乱石滚滚的石头滩，河里没有水，坡上没有草，地里不长庄稼。而其其巷呢？他也被神马的吼声惊死了。他死后变成了一只老鼠，到处乱窜，打洞躲藏，见不得人。

在这场灾祸中，据说只留下三个壮实的小伙子，他们翻山越岭，跨沟越涧，找啊，找啊，找啊，一直找了七七四十九天，始终没有找到那匹神马。从此，他们又在洪水冲毁的石滩上，辛勤劳作，重建家园。山坡上草木又茂盛了，树上又结下累累果实，地里又长起了一片好庄稼。不过，比起神马在的时节，还差得远呢。过了几年，三个小伙子中第一个娶了回族姑娘，第二个娶了蒙古族姑娘，第三个娶了藏族姑娘，三对青年夫妇和睦相处，勤劳耕作，子孙逐渐繁衍增多。不知过了多少年，他们的子子孙孙，分居在三个庄子里，就是今天的“保安三庄”。人们为了让后代不忘神马曾给保安人带来的幸福，在山峦叠翠的崔家峡峰巅上修了一座白马寺纪念它。同时，为了让后代知道贪婪自私的财主其其巷给保安人带来的灾难。至今，在保安语中把老鼠叫“其其巷”。

总体上来讲，保安族是个团结、坚强、勇敢、忠诚、爱憎分明的民族。他们在其日常生活中还有许多优秀的品质，展示了保安族的性格特征以及独特的精神气质。

# 第二章
# 虔诚的信仰

保安族信仰伊斯兰教。婚姻、丧葬、礼仪、禁忌等风俗习惯均受伊斯兰教的影响。处于信仰核心地位的伊斯兰教，对保安族精神领域和经济、文化以及日常生活起到影响和支配作用。

伊斯兰教既是一种宗教信仰，又是一种生活方式，伊斯兰教不仅对保安族人民的精神领域，而且对他们的政治、经济、文化和日常生活等方面，特别是对保安族的形成和民族凝聚力都产生过重大的影响。

保安族全民信仰伊斯兰教，主要包括五个方面：信安拉（真主）；信天仙；信经典；信使者；信死后的复活和审判。必修的功课有“五功”：念（念诵清真言）、礼（每日五次礼拜和主麻聚礼）、斋（每年教历九月封斋）、课（按财产比例交纳宗教课税）、朝（有条件的一生至少去麦加朝觐一次）。

保安族大部分属于逊尼派，教法学为哈乃斐学派，但又有“新教”与“老教”之分。老教包括格底目（铁老教）、崖头门宦与高赵家门宦。

知识链接 **格底目** 阿拉伯语，意为“古老”，又称“遵古派”，是中国伊斯兰教最早的一个教派。其教徒主要分布在大河家、四堡子、小关、刘集、吹麻滩等乡镇。

保安族穆斯林群众俗称“老教”，以区别于其后产生分化的其他教派和门宦。“保安三庄”均有穆斯林群众属于该教派。

# 崖头门宦

崖头拱北

## 教派传承

以传教人的原籍积石山保安族东乡族撒拉族自治县刘集乡崖头村而得名，它的教众除了保安族，还有撒拉族、回族等。崖头门宦的传教始在阿拉伯，经引辈的接传后，于1860年传入中国，第一个接领人是马文泉。

马文泉（1840—1882），道号穆罕默德·依不拉欣，群众尊称罕智太爷。他曾3次去麦加朝觐，从

"嘎迪林耶"道堂掌教人阿不都里·克勒木处领了传教的"口唤"，回国后先后传教于西南数省和兰州等地。光绪初年，因他从麦加带回的经典中有一张指示图，反对他的人以"崇拜图像"是"邪教"为由，上告官府，被官府拘捕处死，时为光绪八年（1882），终年42岁。他的教众为他在兰州耿家庄修建了拱北，取名文泉堂，因而群众又称他为"兰州老人家"。

崖头拱北

马文泉生前将教权传给了他的弟子——青海循化的穆萨，道号阿不都里·嘎吉勒。穆萨是循化街子工人，曾两次去新疆莎车（牙勒光）道堂求学，领受了"乃格什班底耶"的教义，传教于河湟地区。后来和当时在大河家开学的马文泉往来，交情日渐深厚。有一天，马文泉对穆萨说："我想水成一渠，把传教的凭据传给你，意下如何？"穆萨回答说："我已有教传授，何须再领？"马文泉说："我弟子中无人受此大任，只有你合适。"穆萨回答："我有两个疑难问题，你能

崖头清真寺

解答了，愿从遵命。”结果，马文泉只能解其一，其二深奥不能解答，当即对穆萨说：“为了我们的教门，愿再去麦加求教。”于是马文泉再去麦加，拜访了他的老师阿不都里·克勒木，求得了解答问题及教义的锦囊，回国后圆满地回答了穆萨提出的第二个问题，并在大河家克西民寺交接了教权。这样，穆萨把“嘎迪林耶”和“乃格什班底耶”熔于一炉，对二者都遵行，实际都是苏菲派教义。

凡塔海，又称胡阿訇，循化人。凡塔海在崖头继承教权时，以虎非耶教义为主，吸取了各门宦的遵行，充实了崖头门宦，开始了他的传教生涯。1938年正月初七，凡塔海在崖头亡故，终年73岁。临终之前，将教权交给跟随他20多年的穆罕默德·赛尔顿丁（保安族，称大终阿爷），并留下遗嘱，待其子韩振绪完成学业和朝觐的“天命”功课之后主持教务。在此期间，由萨尔冬的尼临时代理教务。

1946年，韩振绪完成学业和朝觐功课回国后，正式继承了崖头门宦的教权。1960年农历四月四日，韩振绪亡故，终年60岁，临终前将教权交给“官藏阿爷”。1968年，官藏阿爷亡故，终年96岁，临终将教权传于韩哲民。韩哲民为韩振绪的第三子，自幼随父念经。1957年，进入中国伊斯兰教经学院学习，1961年毕业，现主持崖头门宦教务。

崖头门宦
大墩拱北

## 教义、教律

崖头门宦主要信奉“虎非耶”和“嘎迪林耶”的教义、教律。同时，吸取了其他门宦的内容。崖头门宦既有“虎非耶”的干功，也有沙孜林耶的遵守。崖头门宦所念的“大赞”“完总”里首先赞穆圣，继

▲

崖头门宦教民在大墩拱北念经

而赞艾布·伯克尔和尔里的内容，还有赞穆罕默德·华者·白哈温丁·乃格什班底耶的道号、穆罕默德·伊布拉海麦(马文泉)、穆罕默德·奴荣地尼和穆洒阿爷的道号。

崖头门宦对“天命”“圣行”不得有丝毫违背，对教众最基本的要求是严格遵守“舍勒阿提”（念、礼、斋、课、朝五功和坚信安拉、天仙、经典、圣人、后世的基本信仰），在这个前提下，才要求干“托勒盖提”，再后是“哈格盖提”。

# 高赵家门宦

## 教派传承

高赵家门宦，属于伊斯兰教嘎迪林耶学派。因拱北位于高赵家村而得其名。始传于1910年，始传人马叶哈雅（1872—1928），领授嘎迪林耶道统，他每天晚上到大沟静谷干功，以亲身体验来讲解嘎迪林耶教义。1914年，马叶哈雅带领32户教众，迁徙到青海贵德莫曲沟居住5年。马叶哈雅常到直亥曲

高赵家拱北

库山洞坐静干功。1919年，马叶哈雅率众返回原籍，教众迅速增加。1928年农历三月十一日晚，国民党二十六师师长马廷勷以“聚众念经，勾结马仲英谋反”罪名，率兵包围高赵家、干河滩两村，抓走患病的马叶哈雅和16名教民。严刑拷打，不屈。农历三月十二日，马叶哈雅和4名教友遭枪杀归真，马伊苏等13人被砸碎脚踝骨放回。

王阿卜都继任教长。1929年农历九月，王阿卜都被国民党青海当局以“勾结马仲英谋反”罪名，枪杀于青海循化归真。马黑兹日继任教长，教内称黑兹日大师夫。马黑兹日曾跟随其父马叶哈雅和王阿卜都被捕受刑，并两次赴刑场。因其身体不好，由马桃花任辅助教长，处理日常教务。教内重大事项由马黑兹日定夺。1940年，国民党中央军训部长白崇禧视察临夏地区，派遣北京大学东方语系教授、“中国回教救国协会”秘书长马宏道到大河家一带，调查了解伊斯兰教的有关情况。马宏道到高赵家会见了马黑兹日和马桃花，并召开座谈会。会后马宏道教授说：“你们的教门是阿哈里松乃其（圣行），人数较少，应当继续发展。我回去后报告中央政府，给你们邮来中央认可的传教许可证。”马宏道回去后不久，寄来了中央政府的批文证件。从此以后，高赵家苏菲所遭受的压力有所缓解。马桃花于1949年农历三月归真，仍由马黑兹日执掌教门，教内重大事项仍由马黑兹日定夺。1977年，马黑兹日归真，其子尔萨·马耀武（1939—2002）任教长。马耀武爱国、爱教，关心教育事业，曾担任高李小学名誉校长。1996年捐资2万元，受到州、县政府表彰，并由孙英省长亲自赠送一幅“马耀武先生捐资助学福及桑梓”中堂。在马耀武的

高赵家拱北念圣纪迎接宾客

高赵家拱北念大赞准备舍散的油香和肉份

高赵家拱北念大赞

▲

高赵家拱北念大赞后坐席待客

关心支持下，高李村儿童入学率一直在99%左右，带动了保安族教育事业。

马耀武长期担任州、县政协委员、常委。1993年12月，中国伊斯兰教第六次代表大会上，尔萨·马耀武当选为中国伊斯兰教协会委员。2000年1月，当选为中国伊斯兰教协会委员、常委。多次赴京参加伊协会议，参与全国伊协重大活动。2002年农历五月归真。胡赛尼·马邦河继任教长，任第十一届、十二届全国政协委员，中国伊协委员、中国宗教界和平委员会委员。

## 教义、教规

高赵家门宦遵循《古兰经》和《圣训》，默念“栽克尔伦拉黑”赞主词。教乘的功修跟随本哲麻提“伊玛目”（教长），道乘

高赵家拱北念斋月举行昏礼拜

的功修跟随拱北的教长。遵守教规注重苏菲的功修，提高教民修养，做优秀的穆斯林。遵纪守法，做合格的公民，追求两世吉庆。

高赵家门宦的信众分布在甘肃积石山、临夏、兰州，青海循化、民和、化隆、西宁，西藏拉萨，新疆各地等。

# 第三章
# 传统制度

在伊斯兰教的影响下，保安族形成了一个符合本民族生活的传统约束制度，以制约和管理着保安人的社会生活各个方面。在它的作用下，保安人固守着民族传统，迎合着时代变迁。

# 称谓

亲属称谓是民间亲属制度的一部分。民间亲属制度，是关于民众的亲属关系、亲属观念和亲属称谓的社会规范。而“一个地方的称谓语系统可以鲜明地反映出此地的社会文化，包括传统习俗、伦理观、价值观、政治背景等。而称谓语的变化，又能及时地体现社会的变革与习俗的演变”。一般来说，称谓语可以分为亲属称谓和人名称谓两种，亲属称谓是所有社会所共有的语言现象，但是组成称谓系统的要素会因社会文化的不同而有所差异。保安族的亲属称谓和人名称谓也代表了一定的保安族文化特色，反映出保安族的亲属制度及规范。

## 亲属称谓

保安人的亲族由父母、兄弟姐妹、叔伯、舅舅、爷爷奶奶、外公外婆、儿孙等亲戚构成，保安人的亲族亲疏关系和教派门宦有很大关系，亲戚之间往往会因为不是同一个教派而疏远。保安族的家庭结构通常由夫妻儿女组成的核心家庭或直系家庭，也有三四代同堂的联合家庭。家庭中父母唯大，其次是丈夫在家庭中的支配权力很大，妻子的地位相对较低，父母是家里最高权力的

骑骡赶集的保安族老人

保安人

支配者，任何人都得服从。在保安族中有“天是一大天，父母是一小天”的说法。同时舅父的权力也很大，保安人认为“阿舅是骨头的主”，所以外甥对舅舅是比较敬畏的。过去对外甥的婚姻大事必须征得舅舅的同意方可进行，就是现在，舅舅仍然有一定的权威性。

知识链接 **保安族的亲属一般称谓**

| | |
|---|---|
| 爷爷——阿爷 | 奶奶——奶奶 |
| 外公——阿爷 | 外婆——奶奶 |
| 爸爸——阿保（保安语） | 妈妈——阿姆（保安语） |
| 舅舅——阿舅 | 叔叔——伯布（保安语） |
| 姑妈——阿嘎（保安语） | 婶妈——尕婶（保安语） |
| 岳父——丈人 | 姨妈——嘎一 |
| 儿子——奥　（保安语） | 女儿——阿勾（保安语） |

## 人名称谓

保安族人民在元明时期是没有姓的，只有一个伊斯兰教经名或称本民族名。以后在汉文化的影响下，逐渐采取了汉姓汉名。保安族十分重视给婴儿取经名。婴儿出生后的几天内，请阿訇或年老者到家中，对着婴儿耳朵小声念经。所念经典章节中第一次出现的圣人之名就是婴儿的经名。男孩儿一般命名为“尔撒”“努哈”“易卜拉欣”“尤素福”“穆撒”“穆罕默德”“阿里”等；女孩儿一般起名为“海蒂彻”“阿依莎”“法图买”“阿米娜”

保安族儿童

等。婴儿长大后，在家中家人习惯称其经名。

保安族除了以伊斯兰教经典上圣贤的名字命名外，还有以下命名法：

以婴儿的生日命名，如出生在斋月的，就命名为“莱买丹”；出生在古尔邦节的就叫“尔德”；出生在星期四，命名为“杜什儿”；出生在星期五，则命名为“主麻”，等等。

以次序或排行命名，如女孩儿称为二姐儿、三姐儿、四姐儿，男孩儿称为老娃子、老疙瘩、老大、老二、老三等。

以动物命名，如牛娃子、虎子、羊羊、黑猫儿等。

在经名前冠以汉姓，使汉姓与经名相结合，如马穆撒、王尤拜、黑牧杜尔，也有终身用经名的。

上学后取学名。学名由学校的老师取名。因而，不注重排行，只问其父有无学名，如有则避其父学名起名。

# 家庭

新中国成立前，保安族的家庭多为家长制的大家庭。家庭内父母、丈夫的权力很大，妻子的地位较低。长辈是家庭最高权力的支配者，任何人都得服从。在日常生活中，保安族的父权（家长权）主要体现在其尊老爱幼的传统习俗中。保安族非常尊重长者，忌子女不孝，长幼无序；吃饭要端给长辈先吃；见到长辈要先道“色俩目”（平安，您好），家庭中翁媳之间、兄与弟媳之间有回避之俗，以示对长者的尊重。节日里，村里的孤寡老人受到无偿和应有的照顾，有这样一首歌谣：

你一碗，他一碗，隔壁的大娜（婶婶）送一碗。

你一元，他一元，大娜她一年不受寒。

积石山
花儿会

保安族人就餐时要先洗手，让年长者先入座上席，老人动筷，然后其他人才能吃。饼子、馍馍、油香要用手掰开吃，不可啃咬或大口嚼咽。放饼时，注意将面子放在上面，掰开后没吃完的，不勉强塞让同席者吃。忌讳进食时出声音、喝茶用口吹或吸出声音，向客人倒水加茶时，要用右手向内倒，忌讳反手向外倒，也不可用左手向客人递东西。

夫妻之间以丈夫的意志为主。舅父的权力在保安族家庭中占有一定位置，特别是对外甥的婚姻有决定权。在保安族人家里，年轻妇女不能和男子同坐一席吃饭，而是让男子先吃，等他们吃完自己才吃，或者在厨房单独吃。做饭、倒茶、端饭对保安人来讲是做儿媳妇分内的事，婆婆至多是在人比较多、人

保安族儿童

手不够的时候帮一下忙。儿媳妇端饭进屋时腰要微弓，出门时略退几步再转身走出去。

# 交往

保安族在社会交往中恪守行善、真诚的伦理道德准则。在生活中即使一件微不足道的小事，也要征得有关人的同意（“口唤”）方可行事，否则被认为是不道德的行为。外族人认为保安族是直“杠子”，意思是他们对待朋友真诚、友善、直率、讲信用。

秀美积石山

保安族是一个文明礼貌、热情好客的民族。保安族见面都要互致“色俩目”，年轻人见到长辈还要鞠躬。在日常交往中不仅用汉语互致问候，也常用阿拉伯语互致问候。

他们见面相互问候时，通用一种见面语，也叫祝安词，其全称问词是“安色俩目阿来库木”，意为“求真主赐你平安”，全称答词是“吾阿来库色俩目”，意为“也求真主赐平安予你”。保安族把祝安词称为“色俩目”，致者说“色俩目”，回答者则说“安色俩目”。如年轻人应向年长者道“色俩目”；客人见了主人先道

“色俩目”；教民与阿訇相见，教民先致“色俩目”；出门在外回来者应向当地留住者先道“色俩目”；男对女先致“色俩目”；少数人对多数人先致“色俩目”等。穆斯林认为道“色俩目”是圣行，是庄重之事，必恭敬为之，故在遇到对方赤体沐浴，或在厕所，或正在礼拜时，不说“色俩目”。

保安族是一个好客的民族，当有客人来时，要迎于门外，然后请到炕上，还要以最快的速度准备好茶饭款待客人，要把家中最好的食物拿出来招待，这是保安人最为重视的待客之道，客人满意了，主人才高兴。在与客人谈话时，不能左顾右盼，不能玩弄胡须、抠鼻吐痰，更不能伸懒腰、打哈欠。

**知识链接** 保安族还有“转客”的习俗，即如果有一家来了客人，这一家的家务亲戚和邻居也要请客人到自己家里做客，以尽地主之谊。以示这家务、亲戚的团结和睦。

保安族在待客时还有一些别具特色的饮食风俗。有客自远方来，都会受到热情款待。客人到家，首先要把客人让到上座，然

积石山山村

传统待客 ▶

后，先端茶，再上食物。用餐前，按照保安族的规矩，必须由一名年长的老人或家庭主人念诵一段《古兰经》文，意思是感谢真主赐给了我们食物。之后，才能动手就餐，如果是馍、饼之类的主食，必须由主人先掰开，然后，客人才能取食。否则，被认为是不懂规矩。一般是一顿饭上三道饭菜，第一道是大饼或馒头，第二道是手抓羊肉或鸡肉，最后一道才是正餐精制的细丝面条。保安族在招待客人的时候，主人是不能和客人同坐在一起用餐的，主人只能站在地上不断地给客人倒水上菜劝客人多多用餐，这一待客方式充分显示了主人对客人的尊重。凡来保安族人家做客的人们都会被主人的这种热情感动不已。待客风俗中还有，若来客是男的，中、青年妇女是不能在男客面前随便露面的，要一直在厨房里为客人忙碌做饭菜或休息，待客人走后才能出来。

# 社会组织

## 乡约、寺约、回约

清朝统治者利用伊斯兰教推行乡约制度，规定凡是有清真寺的地方，“都由地方官择立该教公正之人充当寺约，责令束约回教”，“其无寺者，按其乡里人数择其老成者为回约”，进行“分段管理，各给印签，予限3年，期满更换，不须再立掌教名目，彼族其有不法之徒滋事行凶以及私立邪教等，即由该寺约、回约妥为禀官提究”。

清真寺

## 谢乃

在保安族的聚居区，每一个村都是一个“措娃”（藏语，部落），内部有若干“谢乃”（当地土族用藏语仍称“措娃”，具体含义不清）之分。各个“谢乃”都各有其名，在部落内部的地位也有所不同，似乎有等级之分。马家“谢乃”称作“马吉么合”，意为“马家军队”。

“谢乃”，对所属的每个家庭的重要家务和生产活动有很大的支配权。“措娃”，对公共事务有很大的决定权。“谢乃”这种社会组织似乎有别于安多地区的藏族社会，据营志翔的调查得知，年都乎、郭麻日、尕沙日、下庄4个行政村的土族中现在还有30个“谢乃”。一位保安族老人说：“40家一个马吉，原来分下的，大墩有两个马吉，干河滩有4个马吉。”

“谢乃”也许与成吉思汗的军队组织方式有关，但这只是推测。有专家证实，“谢乃”这种组织在互助土族中普遍存在，不同于藏族的“措娃”和汉族的宗族。

积石山村庄

在保安族社会内部，目前仍有“谢乃”这一群体，总体上“谢乃”是一个大家务的分支，家务分亲方和“谢乃”，是一个爷爷的后代称之为亲方，爷爷兄弟的后代或者较远的后代称为“谢乃”。保安族内部“谢乃”从来没有发挥治理协调社会关系的功能，它只是在婚丧嫁娶和重大节日时，凡是一个“谢乃”的人们聚集在一起，平时它的凝聚力也是非常之小的。

# 禁忌

禁忌是指教义或习俗上不容许的方面，这是许多宗教所共有的。伊斯兰教禁忌很多，保安族是信仰伊斯兰教，因此，遵守伊斯兰教禁忌是他们信仰的一个主要方面。保安族所聚居的地方是一个多民族杂居的地方，保安族的禁忌有与其他民族相似的地方，也有自己本民族独特的禁忌，保安族禁忌涉及其生活的诸多习俗，总体来说，表现在以下几个方面。

## 生产禁忌

保安族在日常生活中，对生产工具十分爱护，忌跨越斧子、镰刀、绳、锨等生产工具。保安腰刀不仅是保安族的传统民间手工艺品，它还是保安族传统文化的重要组成部分之一。作为保安族最重要的物质民俗的保安腰刀，生产过程中也有禁忌。技术的传承限定在家庭、亲属、族人的范围内，一些关键性的技术历来是父传子、子传孙，即使招收学徒，学徒也须严遵师傅禁令，忌外人或陌生人出现在打刀现场。过去工匠在打造腰刀时，忌妇女在场，尤其是刚生下小孩儿或正来月经的妇女，也忌妇女在制刀工具上坐、跨过等行为。

迎接阿訇

## 饮食禁忌

信仰伊斯兰教的民族中，饮食问题在人们的生活中占据着极为重要的地位，而伊斯兰教对穆斯林群众的饮食习惯和行为有着严格的规定。保安族在自己的生活当中，也严格遵守。伊斯兰教关于畜禽肉类禁忌为饮食禁忌的最主要的方面。

1. 严禁吃自死物，伊斯兰教提倡可食的畜禽须经依法宰杀，其宰杀的畜禽是洁净的合法的。

知识链接 **依法宰杀** 就是具备下列三个宰杀的条件：一是宰杀者须是穆斯林念经人；二是宰杀的部位须在脖颈，同时切断食管、气管和血管；三是宰杀诵念“以安拉名义”。

2. 禁止食血液。《古兰经》称之为“外溢的血”。伊斯兰教禁食血液的原因，认为动物的血液乃是“嗜欲之性”，也是污秽的物质，被清洁的人性所嫌弃。禁食动物的血液包括可食的动物的血液。可食动物必须经过宰杀流尽血液，“嗜欲之性”自然消失，肉质变为纯洁，方能食用。

3. 严禁吃猪肉。伊斯兰教之所以严禁信徒食用这些东西，是出于“重视人的性灵纯洁和身体安全”，以及更深远的民族和宗教根源。

斋月里的保安人家

斋饭 ▶

斋月饮食 ▶

4. 严禁食用诵非安拉之名而宰杀的动物。同时，伊斯兰教认为，安拉是万物（包括被宰的动物）的创造者，是生命的赋予者和掌握者。因此，要求穆斯林在宰杀牛、羊、鸡等可食动物时，诵“以安拉之名”，表示结束该动物的生命是奉安拉的名义进行的，不是出于仇恨该动物，不是由于它弱小可欺。这样被宰的动物，其肉是合法的，是清洁的。

以上禁忌已成为保安族的民族习惯而加以深刻的遵守。

伊斯兰教在肉食方面做出了如上规定的同时，对植物性的食物没有任何禁忌。但是一切有危害性或能麻醉人的植物，或可食植物，如葡萄、大麦、小麦等一旦转化能致醉的饮料，如酒一类的东西，就成为禁忌的对象，在禁戒之列。所以在保安族的习俗中，也严禁饮酒，禁止从事与酒有关的营生，严禁服用一切麻醉品和毒品，禁止吸烟等。

另外，还有一些习俗涉及食物的制作过程，比如女主人在厨房炸油香、馓子等食品，包括家人在内的其他人不能进厨房，否则，认为惊动了油，炸出的食品不香。在舀水、舀饭、添水忌用反手。

## 服饰禁忌

受伊斯兰教的影响，保安族在穿着上讲究“遮羞体”，对妇女要求更是严格。因此忌讳成年妇女穿短袖衣服、裙子或短裤，忌不戴帽子或盖头，只允许手和面部外露。成年男子即使是在炎炎夏日，最多也就是穿短袖衫，没有穿短裤的。忌在高处和显眼处晾晒内衣裤和袜子等物。

保安族妇女传统服饰

## 婚姻禁忌

伊斯兰教与其他一些禁欲主义的宗教相反，反对独身，主张男大当婚、女大当嫁，认为婚姻不单是男女两性为了满足情欲而进行的一种结合，而且是一个人对自己、家庭、社会、人类生存

新郎、新娘

延续负有责任的重要行为，因而积极提倡男女健康合法的婚姻，禁止非法的同居和私通等。同时，为了防止混淆血缘、乱伦等不道德现象，因而在婚姻方面规定了一些禁忌，主要有：1. 严禁与有相近血缘、亲缘、婚缘和乳缘关系的人结婚；2. 禁止与外教人结婚；3. 严禁娶有夫之妇；4. 禁止视离婚为儿戏等。保安族群众基本上能遵从以上禁忌，但随着社会的进步与发展，保安族青年与外族接触的机会增多，也有不少保安族青年与非伊斯兰教信仰的青年谈婚论嫁，但他们都能遵守教义，在结婚前，新娘要在清真寺参加入教仪式，即当众念诵“清真言”（万物非主，唯有真主，穆罕默德，主的使者），然后就被认为是一位穆斯林了。

## 丧葬禁忌

伊斯兰教规定的丧葬基本原则是土葬、薄葬和速葬，而且禁止喧嚣。保安族在人去世时忌说“死”，而要说“无常”或“归真”；把死人称为“亡人”，尸体称为“埋体”。伊斯兰教认为，亡人是顺命归真而去，家人亲朋应相信真主之前定。伊斯兰教认为，凡是穆斯林，不论男女，不分长幼，甚至刚生下来就夭折的婴儿，只要落地有声或有动作，人们就有为他们举行殡礼的义务。由于伊斯兰教对死亡和丧葬有如上主张，所以与此相悖的一些思想、仪式、习俗都加以反对，这就形成了在这方面的许多禁忌，主要有禁止设灵位、祭台和向亡人祈祷，禁止无故迁坟，禁止妇女为亡人超期守制等，保安族的葬礼中均有体现。

## 精神生活禁忌

保安族在精神生活中严禁求签、占卜、看相和妖术，严禁佩带护身符。家人出远门归来，不能直接进入有小孩儿和病人的房间，认为会有鬼怪跟人进屋，对小孩儿和病人不利。男客人不能进厨房和女人寝室。忌坐在门槛上，尤其是女人。忌在水的源头洗澡、洗衣。

## 人际交往禁忌

伊斯兰教是一个重视人际交往，强调人情的宗教，提倡高尚的道德。《古兰经》倡导人际交往原则是诚实守信、克己忍耐、宽恕待人、互相合作、谦让互敬、语言优美、结交好人、重视礼节等。与这些原则相反的言行都是伊斯兰教所禁止的，被认为是不道德的行为。在保安族的文化中，在人际交往过程中，对以下行为有所禁忌：如严禁说谎，禁止污蔑、谗言和诽谤，禁止妄言嬉行，禁止背后非议等。

## 日常生活禁忌

伊斯兰教为使穆斯林保持身心的清洁规定了沐浴。沐浴有“大净”和“小净”之分。“大净”即用清洁的水，按一定的顺序、方式冲洗全身，夫妻房事后，妇女月经以后，男子泄精后必须进行“大净”；“小净”即用清洁的水洗净身体的局部，如手、脸、口鼻、双脚等。而每次大小便后都必须清洗下身。因此，每座清真寺乃至每一个穆斯林家庭中，都设有专门的洗净处或沐浴室。身体不洁者不可礼拜、不可诵《古兰经》、不可进礼拜殿。宗教意义上的沐浴，不仅可以除去身体上的污秽，而且可以荡涤心灵的不洁。在保安族地区，每个家庭都有几个汤瓶，用来洗手、小净。而且家庭条件好的都建有洗澡间。保安族群众最少也得一周洗澡一次，一般都是一周两次或三次，条件好的在家里洗，家里穷些的都到清真寺去洗澡，不管怎样，都养成了良好的卫生习惯。

汤瓶

保安族的禁忌习俗历史悠久，积淀深厚，在世世代代发展中传承、演变、改良、进步。随着社会和人们思想意识的发展，禁忌的形态和内涵也在发展和变化，一些禁忌现在已为人们所淡化、抛弃。

# 第四章
# 传统礼俗

保安族除严格遵守伊斯兰教的基本信仰，尊奉《古兰经》、圣训，履行必修功课外，伊斯兰教对保安族的影响还体现在节日和丧葬等方面。在婚俗方面，保安族因受地域影响，形成了一套别具一格的人生传统礼俗程序。

# 生育

保安族崇尚多子多福，早生早富贵。保安族没有固定的求子仪式，如果久不得子，父母会到拱北去施舍财物或请阿訇念经，祈求真主赐予男孩儿。保安族在过去提倡早婚，认为早生儿女早得福，并以生男孩儿为荣，认为若生了女孩子而未生男孩儿，就是断了家中的根，是人生中的不幸。现在随着社会的进步，人们的生育观念也有所改变。

## 诞生礼

保安族在生孩子的时候，门帘上要挂红色或者白色的布条，以防外人闯入冲了孩子。孩子一出生，如果是男孩儿，孩子的爷爷就要将胎衣扔给狗吃，这样孩子长大后就能忠诚和勇敢。如果生下的是女孩儿，就要把孩子的胎衣埋在院子里。孩子出生的第3天，爷爷要为孩子剃胎毛，并将剃下的胎毛揉成小团用丝线裹住，用来挂在孩子的衣服上驱邪。孩子出生后3天之内要请阿訇来为孩子取经名。

医疗服务 ▶

## 坐月子

保安族妇女在有身孕后，并无特殊的禁忌和优待，还要继续劳作，一直到孩子快要出生的时候，才稍作调养。保安人忌讳在娘家生孩子，如果迫不得已在娘家生产了，回来的时候不能从正门进来，只能搭梯子从墙上或房上边回来。妇女在坐月子期间，要忌口，母羊肉不能吃，只能吃羯羊肉。如果生的是男孩儿，月子要坐30天，如果是女孩儿，则要40天。

坐完月子后，产妇要到娘家“回喜”，去的时候要带上6个或4个大馒头（俗称“酥盘”），到娘家后，将酥盘分给小孩儿的爷爷、奶奶和舅舅等长辈，算作简单的认舅舅仪式。

## 留长毛和抓周

保安族有给新生儿留长毛的习俗，如果有人家久不得子或者接连孩子夭折，就要给新生的孩子留长头毛，即长头发。有些孩子因留了长毛起名也叫“长毛”。他们认为孩子留了长毛，就更容易养活，不会得病。家人、亲戚和邻居对留长毛的孩子倍加爱护。等孩子长到7岁时，还要举行重大的庆贺仪式。庆贺时，要请阿訇念经并为小孩儿剃长毛，亲戚朋友们带着礼物前来贺喜，主人家要准备食物款待来客。

保安族为了预测小孩儿的性情、志趣和前程，有抓阄的习惯，有的在纸团上写上不同的职业，比如商人、读书人、官、铁匠等，让小孩儿来抓，也有将实物，比如书本、斧头、剪子、笔、算盘等放在炕上，让小孩任意去抓，然后断定小孩儿的志趣。

# 婚姻

社会的基本单位是家庭，婚姻是家庭的基础，从一个民族的婚俗中，我们可以看到他们生活的方方面面。人们总是在结婚的过程中将自己民族的精神信仰、文化传统和民族特点以不同的方式有意或无意地表现出来。可以说，婚俗是了解和研究一个民族群体文化、经济的极为重要的视角，通过它，可以窥见该群体生

给新郎搭红

活状况的基本概貌。

保安族信仰伊斯兰教，教规不允许和非穆斯林通婚。保安族在同仁时期和非穆斯林的土族、藏族通婚较普遍，但有一条是严格的，这些土、藏族姑娘嫁保安族小伙儿后必须皈依伊斯兰教。保安族传统的婚姻一般是由媒人牵线，父母包办。结婚后，女方不得提出离婚，主动权完全掌握在男子手里。离婚后的妇女对再婚享有自由选择的权利。

随着婚姻法的普及和商品经济的发展，保安族的婚姻习俗和观念形态较以往已有改变，但仍保留了保安族婚俗的主要特色和基本特质。这就使得保安族婚俗既有沿袭传统的一面；又有当代婚礼的特点。

## 说媒定亲

现今的保安族生活水平和思想观念有了很大的改变和提高。但是许多青年男女仍然无法彻底摆脱旧观念的束缚，他们对择侣问题没有决定权，即使一对男女相互心仪已久，也不能私订终身。理性的做法是先告知父母，父母再托媒人代向另一方求亲。

**知识链接** 媒人在保安族村落里是个不可或缺的人物，一般是本村中年岁较长、德高望重的老人。

媒人受人之托后，便去女方家征得其父母的意见，如果女方表示同意，媒人继续双向议定男方向女方家“送定茶”之事。若女方收下“定茶”，则表明双方对这段姻缘有了正式的约定，不接受“定茶”或被退回，那就意味着提亲失败。保安族在“定茶”上送“四色礼”，即将冰糖、桂圆、茶、核桃分别用红、黄、雪青、橘红四色纸将包装好，装入头小底大的盒中，订婚这一天，媒人和男方家的亲属提上“四色礼”及衣料一套，鞋一双，茯茶一块，到女方家提亲。除送给女方家“四色礼”外，还要给女方近亲如伯伯、叔叔、哥哥、舅舅等家送“四色礼”，多者达50盒。

定亲时，女方会备好宴席，盛情款待客人。接过“四色礼”后，就算正式定亲了。之后，男方要向女方送彩礼，包括礼品、首饰和礼金三部分。当然，保安族社会看重的“四色礼”也是必不可少的，一般情况下送女方家10盒，女方近亲每家4盒。关于彩礼的数目和内容，男女双方可以通过媒人进行磋商，依据男方的经济实力而行。保安族主要从事农业生产，也有少数从事牧业生产，劳动力在人们的生产和生活中占有非常重要的地位。姑娘出嫁，减少了女方家庭的人力，因而，要通过送彩礼的方式给女方家一定量的财物，对其加以补偿。

接新娘

饭后，男方家人在媒人的主持下将男方家送来的彩礼展开，请女方家过目。假如女方将彩礼收下，说明他们对这门亲事很满意，下一步等待择定吉庆的日子，举行婚礼了。

**知识链接** 保安族在下聘礼的过程中还有一个独特风俗——“叫客”。即当男方家将彩礼送至女方家时，女方家的本家兄弟在门口迎接，设宴招待。更为亲热的是女方家的本家亲友或关系较好的邻居也要对客人设宴招待，当地的保安族人将此叫作“叫客”。叫客越多越显示女方家亲友户族多，邻里和睦，关系融洽，向婆家显示女方的社会资源。

在未结婚之前，两家既已结成亲家，就免不了礼尚往来。每逢粮食新获，男女双方要互送一些有特色的食品，叫作“尝新面”。在穆斯林的重要节日，如“尔德节”来临时，还要相互馈赠礼品，即“开斋”。表示一方对另一方的尊重和重视。

## 婚礼过程

正式婚礼大都在礼拜五的“主麻日”举行，当天早上新郎家要选派七八名男性（其中一人为新郎陪客）和两名年轻妇女（做陪姑）组成的迎亲队，牵着披红挂绿的马（现今大部分以车代马）前往新娘家迎亲，新郎见新娘家的长辈要说“色俩目”，然后，娶亲的人上炕入席，新郎和陪客跪在炕沿下，这时，新娘的父亲直呼新娘的奶名，正式宣布将新娘许配给新郎。阿訇在婚礼上要念“尼卡哈”，并询问新郎关于伊斯兰教教义的一些知识，然后撒一些红枣和核桃给贺喜的人们，此后新娘村里的小伙子则成群结队向新郎索要“奴工木哈钱”（保安语，即为“羊肉钱”）。

迎亲

鸣炮迎亲

讨要“奴工木哈钱”是一场增加婚宴气氛的古老游戏：当娶亲的人正式入席后，女方家的年轻人蜂拥而至招待娶亲人的房间里，手中拿着抹有锅底灰的棉花和毡布向他们讨钱，当讨钱的愿望不能被满足时，他们就会将其中的一个人拖到庭院中，脸上则要抹上锅灰进行戏弄，或骑在木凳上被抬起，或被大家往空中抛起，场面热闹非凡。如果新郎和新娘住在同一村庄，女方家的人还会跑到新郎家，讨要“奴工木哈钱”，不能如愿时，他们也会往新郎至亲脸上抹锅灰，甚至会给新郎的父亲穿上羊皮袄，戴上破帽子、大红枣做的耳坠、萝卜做的眼镜，抬到女方家，这时新娘的父亲会出来，两人互道“色兰”之后，新郎的父亲假装生气责备：“为何不让姑娘早点过去？”并拿毛刷子轻轻打新娘父亲一下。

此后，由二三十男女组成的送亲队伍由女方家出发送亲，送亲中的“五色米”礼仪是保安族特有的习俗。由本家族中一名年龄较大的妇女用左手扶着新娘，右手托着装有麦、豆、玉米、青稞、小米五色粮食和茯茶的盘子，让新娘在行进中抛撒，以示把吉祥和幸福留给父母，报答养育之恩。新娘从娘家出门时，要头蒙面纱，身披红毯，骑马来到新郎家门，男方的年轻人则一边放炮，一边阻挡新娘的马不让入门，送亲的队伍只好保护新娘的亲属拖着新娘冲进大门并送入新房，送亲人便将嫁妆抬至院中，把新鞋分送给新郎及其长辈和兄弟姐妹，男方象征性地给些“抬鞋”钱，新郎家以宴席招待客人。

第二天男方家要设宴请新娘的父母和近亲如舅舅、叔伯、哥哥、姐姐以及媒人等吃席，保安族称为“重席”。吃完宴席后，男方家要向女方家父母和舅舅分别赠送羊肉背子（即羊排骨），以表示对养育新娘的感谢。男方长辈要给新娘的母亲“抬钱”，当娘家人吃完“重席”后，男方家长辈出面给女方家父母席上放上一定数量的钱，由女方的母亲“抬钱”，即抽出十分之一左右

闹公婆

放回桌子上，其余的拿走。

与回族穆斯林相比较，保安族的婚俗仪式上最典型的就是在距新郎家门不远的地方，村里迎亲的人们等候着新娘和送亲的客人，待送亲的人们一到，燃放鞭炮迎亲的小伙子们一哄而上，拦住新娘和送亲的客人。这时让新娘的哥哥或其他亲属把新娘抱进新郎家的大门。抱的距离越远，表示小伙子们占了上风，抱的距离近则送亲的人占了上风。如果阻拦不住，让新娘和送亲的人连人带马冲进新郎家门，那就算迎亲的小伙子们彻底输了。

保安族的婚宴有“转客”的习俗。婆家人将送亲的队伍先安排在新郎家简单地吃点饭菜后，也会像新娘家的近亲一样请他们到自己家里做客，叫作“转客”。“转客”和“叫客”一样，都是显示家族的热情。“转客”之后，宴席才在新郎家真正开始。保安族的宴席比较丰盛，也比较讲究。最先上的是放有冰糖、桂圆、葡萄、杏干、茶叶的三炮台盖碗；再次上的是核桃、瓜子、花生等瓜果，接着上油炸馓子系列、糖肉包、花卷馍馍等面食；最后端来的是“八碗”、一锅子。婚宴能充分展示保安族独特食品和热情的待客礼仪。

婚礼的第3天新娘“回门”。新郎家的女性近亲如婶婶、嫂子、姐姐等陪新娘和新郎到娘家“回门”。开始也会被新娘的近

宴席 ▶

婚宴必备食品——馓子

亲请去“转客”，最后在新娘家吃席。至此婚礼整个程序结束。

保安族的婚礼前后共3天，在这3天里还有许多的规矩，如有些家庭至今还保留古老婚俗遗留的习惯，如新娘过门3天内不吃婆家的饭，而吃娘家人送来的饭菜，以表示父母对女儿的留恋和关爱。

结婚是每个民族繁衍生息的重要仪式，是人生礼仪的重要阶段，历来受到各族人民的普遍重视。保安族就是个典型的例子，在提婚、议婚、结婚的不同程序上，保安族独有的经济文化生活特点都有不同程度的展示。“尝新面”的习俗，“撒五色粮”的仪式以及用马娶亲和古婚俗中赛马的风俗，都体现了保安人对粮食作物和马匹等牲畜的高度重视，表明保安族以农业为主、农牧兼营的生产方式特点。蕴含浓厚人情味的“叫客”“转客”习俗，不仅显示了保安人热情好客、团结和睦的民族性格，而且展现了该民族丰富多彩的饮食文化特色。蛋皮核桃、瓜子、花生等瓜果多种多样；馓子、肉包、花卷馍馍等食品色香味俱全，其中有不少是保安族有代表性的土特产和民俗小吃。通过新郎、新娘的打扮装饰，我们可以看到保安族的服饰文化特点。另外，按照传统习俗，保安族在娶亲日子里唱宴席曲，曲调优美抒情，从中可以了解保安人的情感世界。

# 节庆习俗

节日在本质上是一种沟通传统与现实、物质与精神的综合性文化，作为社会生活的主体和文化事象的创造者——人不仅需要物质生活方面生存和发展，而且也需要娱乐和调节，需要调适自然和社会给自己的压力，以便能够得到更好的生存空间，节日恰好充当了这个中间角色——把发展生产和经济与调剂人的心理有机结合起来，节庆习俗是节日中形成的衣食住行、禁忌、信仰等习俗惯制，也是一个民族群体的共同精神理念的显现。

保安族因为信仰伊斯兰教，所以宗教节日较多。这些节日除有宗教色彩外，还有群众性，原来是宗教的重要节日，由于历史的演变，现在已成为民族的传统节日。

## 开斋节

又称尔德节。开斋节是阿拉伯语“尔德·菲土尔”的汉译，是回归及欢乐节日的意思，来源于宗教，是伊斯兰教徒封斋一月期满的标志。

传说伊斯兰教创始人穆罕默德在614年规定，成年的穆斯林在伊斯兰教教历每年九月（阿拉伯语为莱麦丹月）要斋戒一个月，伊斯兰教教历十月一日开斋，为开斋节。伊斯兰教规定，穆斯林在伊斯兰教教历九月内斋戒，斋月最后一天，寻看新月牙，见月的次日即行开斋，为开斋节。如未见新月，继续斋戒，顺延不超过3天。

开斋节是保安族群众最欢乐、愉快的节日，开斋节前夜，当地清真寺里灯火通明、人头攒动，大家整夜不睡觉。翌日，保安族男女老少都穿上最好看的衣服，按照自己的传统习惯欢度佳节。

开斋节的主要仪式有：

1. 忙食一物。保安族群众于该日晨礼后速进少许饮食，以示戒满开斋向真主感恩之意。

2. 交纳开斋捐。每家按人口计，每人施麦1.25公斤，也可用

▲

开斋节礼拜

其他作物代替或折成现金施贫，或交清真寺做宗教基金。保安族穆斯林称此为“费德尔”，大都交与清真寺。

3. 举行会礼。是日上午，保安族群众沐浴盛装，心口默诵赞词，聚集在当地最大的清真寺——大河家清真寺，举行规模盛大的会礼仪式。会礼定制于伊斯兰教教历二年十月，在教法上属于“瓦吉卜”（当然的义务）。

在保安族聚居的大河家镇的“保安三庄”，在斋月的每一个凌晨，清真寺的宣礼塔传来悦耳的“邦克”声，唤醒熟睡的人们起来做封斋饭。封斋的人，在东方发白前，要吃饱喝足，天亮后至太阳下山前，要断绝一切饮食，连水也不能喝一口，否则就算破斋而无效。斋月里，条件好的保安族家庭，还做好吃的给清真寺或者在晚上开斋时施舍给穷人。大部分保安族穆斯林，每晚还到清真寺参加聚礼，做斋月里增加的“特拉威亥”（间歇拜）礼拜。斋月里保安族家庭的饮食比平常的日子更好一些，晚辈还要带上礼品给长辈“开斋”，即使出门在外工作，也要托人去办理此事。因此，在斋月的保安族聚居区，更显示出平静、和睦、团

礼拜

礼拜

结的气氛。在斋月结束时，每个保安族穆斯林必须交纳“菲特勒”钱（即开斋捐）给穷人或清真寺。这样，一月中所封的斋才算成功。

保安族群众对开斋节的会礼非常重视，无论当时气候多么恶劣，也必须如期举行，且不得中途退出；在外工作或打工的人无论多么遥远都会回来参加会礼。会礼完后，保安族群众先向阿訇道安，接着大家彼此互道“色俩目”，然后各自回到自家的墓地念经，为自己亡故的亲属，为全体穆斯林亡人进行祈祷。从墓地回来，再向长辈和街坊邻里的长者道“色俩目”，祝贺节日愉快。这时，各家各户内专为开斋节制作的各种丰盛的油炸食品、菜肴都已置办齐全，有“油香”“馓子”“果果”等各种造型的油果及多种干果。汉族和其他民族的群众，也络绎不绝地来到保安族家中，表示节日的祝贺。

## 古尔邦节

又叫小尔德、宰牲节、赎身节。“古尔邦”在阿拉伯语中称作“尔德古尔邦”或“尔德阿祖哈”。“古尔邦”或“阿祖哈”都含有牺牲精神之意，故通常汉译为“宰牲节”。古尔邦节在伊斯兰教历的每年十二月十日。在这个节日里，保安族人民按其自己的经济能力，宰羊或宰牛，经济条件差的也得宰鸡等。保安人认为在古尔邦节宰牛、宰羊有最大的“洒布”（益处）。关于古尔邦节的起源，还有一段宗教神话：

相传先知易卜拉欣（北部阿拉伯人的始祖）夜梦安拉命令他宰杀自己的儿子伊斯玛仪，当易卜拉欣为了表示对安拉的忠心虔诚，遵命执行而举刀的一瞬间，安拉派遣的天使突然牵着一只白色的绵羊，从天而降到现场，命令他以宰羊代替献子。从此，就在伊斯兰教的民族中形成了每年宰牲献祭，世代相传。易卜拉欣

礼拜

古尔邦节宰牛

父子得到安拉的启示，到麦加修建了天房，每年古尔邦节前夕，世界各地的穆斯林赶赴沙特阿拉伯麦加天房朝觐，朝觐完毕后亦有宰牲献祭仪式。

这天房便是穆斯林们的朝觐中心，也是世界穆斯林每日礼拜的方向。保安族群众都以一生能朝觐天房为最大荣幸的事。自改革开放以来，宗教政策放宽了，尤其近几年来，由于人们生活水平的逐渐提高，保安族群众中已有不少人前去麦加朝觐。

## 圣纪

“圣纪”也是保安族的宗教节日，它是纪念先知穆罕默德诞生和逝世的日子。穆罕默德于570年“热必欧里暗卧里”月（伊斯兰教历三月）十二日诞生于沙特的麦加城，63岁（632年“热必欧里暗卧里”月十二日）病逝于麦地那。穆斯林便把这个日子称为圣纪。

按伊斯兰教历，如1981年的“圣纪”是元月18日，1982年的“圣纪”是元月8日，这就是我国伊斯兰教的“圣纪”时间也不能固定的原因。保安族群众在每年“圣纪”的这一天，宰牛、宰羊，诵读《古兰经》赞颂穆罕默德，进行集体纪念活动。

宰牛

以上三大节日是保安族穆斯林群众的最主要的宗教节日。信奉老教（格底目）的保安族穆斯林对以上三大节日都很重视；新教穆斯林主要

聘请阿訇仪式

礼拜

过前两个节日，对圣纪不是很重视，不及开斋节与古尔邦节。

另外，由于保安族在历史上就有“浪山”的习俗，因此，在每年5月下旬到6月上旬初，人们带上面、油、肉、帐篷、锅等，到黄河边、山溪边或草坡上，过一天痛痛快快的野外生活。当地群众称此为“浪山节”。

## 丧葬

保安族的丧葬仪式具有浓郁的宗教气氛。其丧葬仪式是严格按照伊斯兰教教规实行的。其丧葬特点是土葬、速葬、丧事从俭。即在人“无常”（忌说“死”字）后快速埋葬，一般是早亡午葬，晚亡晨葬，以早日入土为安。为了达到快速埋葬的目的，过去一般人亡在哪里，就在哪里埋葬，不主张把尸体运回家乡再行埋葬。现在因为交通便利，大部分亡人都是拉回老家埋葬。其另一个特点是薄葬，即无论什么人无常，均以“卡蟠”包尸，埋在同一块墓地，占用同样大的地方，没有人能够例外。同时，没有任何陪葬物品，不穿衣服，不挂遗像，不放花圈，不用棺材，不奏哀乐。

人亡后，要将尸体移至板床放好，家属、亲属先瞻仰遗容，请阿訇念经祈祷后，要为亡人“抓水”洗尸，男尸由阿訇或有名望的人洗，女尸由老年妇女洗，洗时不能让水流入七窍，然后用10米白布裹尸，妇女另加一块1米长的盖头布，尸体包好后移入“塔布”（清真寺公用的抬尸匣），抬往墓地进行殡葬。送葬时全村老少全部出动，并由青壮年轮流抬亡人至墓地。保安族亡人的坟墓均为南北向，长2米、宽1米、深2.33米左右。在墓底的西壁挖一偏洞，此洞称“海拉堤”，是专供安放尸体的地方，洞长2米、高0.66米、深1米，在墓底的北壁做有土枕，亡人头朝西北方向、脚朝东南方向、面则朝西方（即向伊斯兰教圣地麦加的方向）。

殡礼，又称站“折那孜”，意为代亡人赎罪拜主、祈祷、脱尘归真。在安葬过程甲，亡人的家属要请阿訇在墓前诵读《古兰经》，并逐一散发“海地也”，“海地也”即钱或物，散发多少数量不定，由亡人家属根据自己的经济情况决定。亡人安葬后，其衣物要分送给阿訇、亲友和生活困难的人，也可遵照亡人遗嘱送人，一般均不留在家里。在亡人葬后的七七四十九天，每天要请阿訇前去墓地念经，并每期（一期一周时间）要为亡人念经，还有宰羊、宰牛、炸油香分送村人，以表示对亡人的缅怀和哀思。

保安族很注重上坟，上坟的目的有二：一是代为亡人求真主恕罪。据此，把上坟便作为圣行遵行。二是通过上坟使活人见坟生感，参悟人生，由亡人的归宿联系到个人的无常及坟坑的问

祭祖 ▶

祭祖

罪，故应借先辈之鉴深省，须知每个人的生命非常有限，无常即在眼前，应该及早弃绝邪恶，尽快勤修善功预备无常，接受后世审算，这确是人生头等大事，切莫昏庸人生，自亏终生。

# 第五章
# 民族风情

保安族受伊斯兰教的影响，在服饰、饮食等方面独具特色。因生存环境和自然因素的条件影响，在建筑、物产等方面独具魅力。

国家级非物质文化遗产——“保安腰刀”，以其“中国少数民族三大名刀之一”的美誉和传统的打制工艺，闻名遐迩，享誉海内外。

保安族服饰

# 服饰

民族服饰作为民族外在的直接表现形式之一，有着丰富的文化内涵。从保安族服饰的物质形态分析，既承载着保安族的文化传统，又体现了保安族的精神心理，表现出保安族服饰形态与服饰功能的有机统一。

保安族传统服饰受地理环境的影响较为明显，反映了保安族人对地理环境的适应，体现了由游牧经济向农耕经济过渡的特点。

青海同仁尕
沙尔村青年
男子服饰

青海同仁尕
沙尔村青年
女子服饰

## 青海省同仁县时期的服饰

保安族与蒙古族毗邻而居，以游牧文化为主，其服饰受蒙古族服饰的影响较大，款式与蒙古族服饰基本相同。蒙古族属游牧经济文化类型，宽松肥大的袍式服装适合其游牧生产的需要。那时，保安族男女冬季均穿长袍，戴各式皮帽；夏季则穿夹袍，戴白羊毛制的喇叭形高筒帽，系各色鲜艳的丝绸腰带。在春、夏、秋三季男女均穿长衫，穿高领的白色短褂，外套黑色的坎肩，穿大裆裤、宽腿裤，或者上身内穿衬衫，外套一件长袍，名叫“柔拉”，像藏式长袍，长袍为夹制，布料采用高级平绒、丝绒，也有皮毛里子的。此服饰已经流传400多年。

## 甘肃省大河家乡时期的服饰

保安族传统服饰发生了明显的变化。服饰由袍服变为短打，这一方面是为了适应自然条件——短小精悍的服饰适宜农业生

保安族妇女

保安族老人

产；另一方面，保安族服饰受到回、汉等民族服饰的影响。

男子平日多穿白布衫，外套青布坎肩儿，头戴青色或白色“号帽”，只有在过节或办喜事时，他们才穿黑色条绒长袍，戴礼帽。保安族服饰的变化，充分说明了在各民族长期杂居、互相交往、经济往来、文化交流过程中，相互从服饰上吸收对方优点，完善本民族服饰风格，自然而然形成文化交融渗透的现象。

在保安族传统服饰中，伊斯兰文化色彩十分浓厚。

# 饮食

保安族的农作物品种主要有小麦、大麦、玉米、荞麦、洋芋、甜菜、油料和豆类等。保安人日常饮食以小麦为主，兼食土豆、玉米、豆类、大麦、青稞等。

## 日常饮食

保安族日常食品有米有面，大多数较偏重面食，做法与北方其他民族相似。经常食用馒头、花卷、煎饼、包子、炕锅馍馍、臊子面、馓子、汤面条、凉面、浆水面、炒肉面、捏面筋、搅团、散饭等。许多杂粮如玉米也多磨成面后食用，其中特有的食品散饭和搅团，就是用杂粮面制成的。此外，也食用玉米、洋芋、荞麦、青稞、牛羊肉和奶，豆类、禽蛋和鱼类等，小米多用来做成稀饭。旧时到了冬季还要做一些杂粮炒面，如今已不多见。旧时蔬菜甚少，仅吃洋芋、莲花菜、白菜、韭菜等几种，现在青菜、豆角、黄瓜、西红柿、番瓜等各种蔬菜都已端上了人们的餐桌。保安人嗜爱酸辣，每餐不离老醋或浆水及油泼辣子。这在"花儿"中有所反映："三打麻线一骨朵蒜，辣辣地吃一碗搅团。"

保安族主要农作物——洋芋

知识链接 **散饭** 在开水锅内撒面粉搅成糊状，稠的就是搅团，稀的是散饭。

品种多样的蔬菜

土豆（洋芋）作为主食的吃法主要有盐水煮土豆、土豆泥煎成土豆饼，有时也用土豆泥加洋葱做成包子馅，口味清香、细腻。玉米面是生活困难时期非常普及的主食，现在保安族多吃青玉米棒子，但偶尔也会用玉米面烧馍馍。

知识链接 **雀舌面做法** 雀舌面，即碎饭。把面饼擀成大片，折叠起来，来回切成如雀舌般大小再加煮食。

## 特色食品

**炕锅馍馍** 保安族喜睡热炕，取其便利，用特制的炕锅在炕洞内烤馍，故称炕锅馍馍。做法：将发酵后的面团掺入适量干面，用碱中和后加些菜油，揉匀后放入炕锅内，有的在揉面时还分层加入菜油，还有的加入食盐或白糖，并在馍上揉出各式花纹图案，如牡丹、月季花，入锅后加盖盖紧。再把炕锅埋入热炕洞内的温火中，经适当烧烤后，即成为外皮黄脆、内瓤松软的炕锅馍馍，别有风味。根据锅的大小厚薄，馍馍小的有250克左右、大的3 000克～5 000克，厚的15厘米左右、薄的5厘米以上，炕锅厚约3厘米。过去以铜锅为主，后来以铸铁锅为主，现在以铝锅为主。

花馍馍

**青麦包子** 青麦包子，保安语称“拾格子满通”。在麦收前，保安族家家都要做青麦包子。

> 知识链接 **青麦包子做法** 把刚灌浆的麦穗（绿青稞）折起来，束成小把儿，放在锅里蒸熟后晒干磨成糁子。然后在羊肉汤中泡胀，拌以羊肉茸泥和调料作为馅心，制成包子。蒸熟后蘸辣椒油、蒜泥、陈醋享用。

**麦索包子** 保安语称“索斯满统”。做法：将青麦用石磨磨成麦索，晒干，贮存。做时把干麦索蒸透，加碎肉、清油、佐料为馅做成包子，吃时别具风味。

做包子

**包子** 保安族制作的包子很早时就以面皮好、馅子考究而驰名，并有包子、合子、角馍之分，以馅子外露者为合子，多以糖、核桃仁为馅，形状为三角、半月形等；以有角者谓之角馍，有糖角子、枣角子、菜角子等；面上捏有褶的为包子。秋冬时用红萝卜、羊肉、香葱做馅，春夏用韭菜、韭花、羊肉做馅，可蒸、可烤，有冰心包子和两面黄的水煎包子两种，用辣椒、酱油、醋佐食。

包子

**鸽肉稀饭** 保安族认为鸽肉稀饭有补五脏、益心力的功能，常作为药膳，为大病初愈、身体虚弱的人做补品进食。做法：野鸽宰后清洗干净剁成块，加入大米或小米、蕨麻，温火炖烂食用。

保安人的肉食品除牛、羊肉外，兼食鸡、鸭、鱼，一般以手抓羊肉为上肴。主要肉食有手抓羊肉、碗菜（熟牛羊肉切块，加胡萝卜、土豆、粉条，用牛、羊肉汤烩成）、麦仁杂碎汤、（麦粒和羊头、蹄肉及内脏混煮）、大块清水鸡、爆炒鸡块、清煮全鸭等。

碗菜

**油搅团** 保安语称“布拉毛合”，是保安族独特的风味小吃。其做法是：将精面粉用开水搅拌煮熟后加入适量植物油反复搅拌，并分次加上适量的红、白糖，稍稍煎炒后即可食用。

**知识链接** 碗蒸的油搅团，保安语称“爱海不拉红”。其做法是：将精面粉与开水、植物油、红糖等以适当比例搅拌后放入碗里，然后将碗放在蒸笼上蒸熟后食用，吃起来爽滑松软，甜而不腻，滋补强身，是老年人和产后妇女滋补养生之佳肴。

**杂粮搅团** 保安语称“葛汤”，是一种用杂粮面做成的糊状食品，放凉可切成小方块，用辣椒、蒜、醋拌一下，爽口味美。有一首保安族“花儿”是这样描述的：

油泼辣子油泼蒜，辣辣地吃上个搅团。

尕妹妹坐在我跟前，坐下了没心肠起来。

保安族传统面食制作

宰羊

**拧面** 保安语称“待格热”。做法：把绿青稞粒放在锅里烤熟，趁软用石手磨拉成丝即成。可用油、肉末、葱花炒着吃，也可用羊肉、清油、辣子拌着吃。

此外，保安族人还擅长“指甲面片”、油香、馓子等面食制作，风味独特。

**手抓羊肉** 保安族的肉食以牛、羊肉为主，因不用筷子用手抓食，故名“手抓羊肉”。选用本地饲养的栈羊屠宰，这种羊膘肉相间，肉质细嫩，肥而不腻，味道绵长，少膻腥味。宰后把整羊剁成两半入锅，加冷水烹煮，准确把握火候，先用旺火烧沸，撇去血沫，加入花椒、干姜等调味品，改由小火慢煮，待血

手抓羊肉

水将干未干之时捞出，剁为大块，装盘上席，手抓蘸椒盐就大蒜而食，味道清爽，鲜香无比。现在餐馆中还开发成系列手抓羊肉——胸叉、腿子、背子、肋条、尾骨，各部位的肉，嫩、老、肥、瘦、粗、细各异，独具风味，是餐厅和城乡宴席上，不可缺的一道名菜。

**发子、面肠** 保安族更善于做发子和面肠。做法：先把肥肠用清水（加碱、醋）反复洗至无异味后翻置，再将羊的心、肺、肝、肉剁碎，调入清油、葱、生姜粉、花椒粉、草果粉、精盐、味精等佐料拌匀。然后，将满肚油摊开，放入馅子，卷成筒状，用线包扎、封口，因其状如扎羊皮筏子，故名。或者将馅子塞入肥肠，装满后封口。最后上蒸笼蒸熟或放入沸水中煮熟取出，切段装盘上席。有的将发子切段在油锅中煎烙至黄脆后装盘，调上油泼辣子、蒜泥、醋食用。吃时鲜嫩不腻，美味可口，清香四溢。

面肠做法：先将小肠反复洗净，再将面粉加水搅成糊状，调入适量淀粉、精盐、味精等调料，搅匀，灌入小肠中封口。切忌不能灌得太饱。然后上蒸笼蒸熟或放入锅中煮熟，中途针刺泄气，熟后取出切段装盘，或将切段后的面肠放入油锅中煎至皮黄脆再装盘，调上油泼辣子、蒜泥、醋等食用。味道醇而不腻，味美可口，百吃不厌，经济实惠。

挖麻茶

## 饮茶

茶叶是保安族日常生活的必需品，民间喝茶比较讲究，一般在冬季喝茯茶、砖茶、沱茶，夏季喝陕青茶和春尖。沏茶一定用滚烫的开水，谓之“牡丹花”，形容水滚沸时的形状。

挖麻茶，是一种由专用铜锅子熬制而成的松州茶或茯茶，一般是出远门或在山里扎圈放牧时饮用。

麦仁茶，既止渴，又滋身，乃茶中之宝。

知识链接 **麦仁茶制法** 把小麦粒、杏仁、核桃仁、红枣以及党参等切碎晒干，碾成细末儿即成。有贵客来家，即用滚开水冲沏麦仁茶待宾。

冰糖窝窝茶，在盖碗内放上云南沱茶、冰糖和桂圆，用滚开水冲沏。喝时清香甘甜，用以招待贵宾。

## 节日饮食

保安族的节日同许多信奉伊斯兰教的民族相同，如开斋节、古尔邦节、圣纪等，家家都要炸馓子、干馃、蜜圈圈和油香。其中以炸馓子、干馃和油香最为普遍。

**馓子** 馓子为精美的油煎食品。保安族在节日和喜庆日子，必做馓子招待客人，并馈赠亲戚、邻里。馓子分“盘馓”和“酥馓”两种。制作馓子是一整套复杂的工艺系统，全凭经验掌握好“度”，还要掌握好火候，只有这样，才能做出佳品。

馓子

**油香** 油香原为阿拉伯部分地区待客食品，传说因伊斯兰教创传人穆罕默德于622年在麦地那一位名叫阿尤布的老人家食用后大加赞美，后广为流传。元代，油香制作方法传入我国，成为保安族极富特色的美味食品。

油香

油香种类很多，按原料、配料的不同，可分为“糯米油香”“薯粉油香”“甜油香”“地瓜油香”等。

**知识链接** 炸油香时，一般由年长有经验的妇女掌勺，同时禁忌他人在旁边观看，特别是非穆斯林在场观看。他们认为，炸油香时别人进入厨房，就会惊动了油，炸出的食品就会色不佳、味不正。

**干馃** 干馃为精美的油煎食品。保安族在节日和喜庆日子，必做干馃招待客人，并馈赠亲戚、邻里。干馃有嵌花、蜜饯和造型之分。嵌花干馃的做法是将精粉调成纯白面团，再添加有枣泥、红糖、食色等辅料的褐色面团，几经揉搓，切割镶嵌，切片油煎，即成五彩缤纷、琳琅满目的嵌花馃馃，因添加之辅料不同、添加辅料面团的嵌入形制和组合方法不同，干馃的图案千姿百态，丰富多彩。蜜饯干馃则将加入

大饼

**知识链接** **别具特色的饮食风俗** 有客自远方来，都会受到热情款待。客人到家，首先要把客人让到上座（炕的里面中间落座）。然后，先端茶，再上食物。用餐前，按照保安族的规矩，必须由一名年长的老人或家庭主人将食物分给大家（如油香），大家在食用前念诵一句《古兰经》，意思是感谢真主赐给了我们食物。之后，才能动手就餐，如果是馍、饼之类的主食，坐上席的客人或主人先掰开分给大家一小块。然后，客人才能取食。否则，被视为是不懂规矩。一般是一顿饭上三道饭菜：第一道是大饼或馒头，第二道是手抓羊肉或鸡肉，最后一道才是正餐精制的细丝面条。若是贵宾，主人还要用菜包、糖包、馓子等招待，以示尊敬。若来客是男的，中、青年妇女是不能在男客面前随便露面的，要一直在厨房里为客人忙碌做饭菜或休息，待客人走后才能出来。

鸡蛋等各种丰富营养的面团，或切片，或掐丸，下锅油煎，再用蜂蜜炒过，蘸上芝麻，酥甜清香，美味可口。做造型干馃，则将各色面团擀开，切割组合，捏成各种花卉、昆虫、飞禽等吉祥物形状，下锅油煎而成，形态生动，惟妙惟肖，这种干馃简直是一种精美的艺术品，拿起来舍不得放到嘴里。

保安族的浪山节一般在五月下旬到六月初，届时人们带上面、油、肉，帐篷、锅等，到黄河边、山溪边或草坡上，过一天痛痛快快的野外生活。

# 居住

保安族人口较少，居住相对集中，早期在青海同仁定居的时候就与当地的藏族、土族一同务农杂居，居住形式相同，以土木结构土房为主。现居在甘肃临夏境内的积石山一带的保安族，民居习俗与周围的回族、撒拉族、东乡族有相似之处，一般是整村围着清真寺而住，相互连接，坐落有序，颇具特色。

## 村落布局

保安族自1863年从青海省迁徙至甘肃省大河家到20世纪70年代时，由于地貌差别较大，自然条件悬殊，所以保安族人一般都选择山巅、山腰、山脚和沿川一带的平坦而向阳的地方作为村

落，聚族而居。有的则同其他民族杂居，久而久之，就逐渐趋向于大聚居、小杂居的格局。大的村落有几百户人家，小的村庄也有近五六十户。村庄民居的一个特点是墙连墙、房挨房的形式，即绝大多数人家都将自家庭院与他家庭院相连；每个庭院的房子都挨在一起。

▲

积石山风光

这种居住形式，是保安族在战乱时期相互团结的历史见证，直到20世纪80年代初在保安族地区还可以见到。一座保安族村

**知识链接** 房连房、墙连墙的居住结构是旧社会战乱、冲突的产物，有着十分重要的军事防御功能：一旦遭遇侵犯，不出院门，上了屋顶全村就可以迅速联络到，也可以借别人家的屋顶迅速进行转移。另外，户与户的房屋屋顶相连，一家有事请人帮忙，不出院门而是上屋顶便可以了。

落可以说是一座城堡，这种居住模式最大程度上调动了集体的力量，也是其内部团体互助的见证。

## 房屋格局

保安族住房多为土木结构的低矮平房，房院相互联结，坐落有序，颇具特色。过去，房屋多为低矮的平房泥屋，房屋四周围以下宽上窄的土墙，墙高4米左右，一家一院，俗称“庄廓”。“庄廓”多是土木结构的平房，分为出檐和挑檐两种类型。前者较为简陋，平顶无瓦；后者较为复杂，起脊两面流水，有瓦。典型的保安族民居多为挑檐房。每个“庄廓”大都由堂屋、灶房、客厅、圈舍组成。旧时房屋一律为土木结构，即以木料构架，泥土筑墙，后墙高于前檐约尺许，便于房顶上的雨水流淌。房顶木板，或用树枝，或用芦苇铺盖，上涂半尺厚的草泥。现在，许多新建庄廓，房屋高大、宽敞、明亮，并装上了新式门、玻璃窗，有的还在房檐和地坪上铺以青砖或抹以水泥。屋内陈设除沙发、衣柜、写字台、新式桌、椅等家具外，不少家庭还有电视机、收录机等家用电器。

保安族的居住特点是灶房与卧室分设，并且设置堂屋。堂屋为“庄廓”的主体建筑，也是家中长辈的住室，屋体较高大宽敞，3间相连，处于庭院正中上首，多是坐北向南，也有坐西向东的。一般是北房为堂屋，俗称上房，是3间组成的双檐瓦房，

保安族民宅

由家中的老人居住。老人要是去世了，如果家中宽裕，就不住人，专门接待客人或请阿訇念经时使用。为了显示对老人的无限尊敬，上房比其他任何房屋都要好。老人的住房同时也是招待客人用的客房，凡是有客人来，都要招呼到上房来，同老人见面。堂屋中间设置八仙桌，两边出檐的地方砌两个土炕。

▲ 保安族院落

◀ 保安族民宅

堂屋两边为西房、东房，单檐瓦房，由儿媳妇以及子女居住。这里的布置就要比上房差得许多。已婚子女多住在房屋的套间。作为公公或大伯子对儿媳妇或弟妹要避嫌，轻易不能随便闯入她们的房间，尤其忌讳单独相处。

厨房设在上房与西房或东房相连的角落里，与住的地方分开，只在房顶开有天窗，但没有其他窗户。锅台以土坯或泥土筑成，高约0.66米，紧靠墙壁，有烟囱排烟。客厅或称客房为一般家庭备用房，平时用来储藏、存放东西，幼辈客人来时，用以招待住宿，若为长辈客人则须留住堂屋。圈舍多建在院庭的东南角或西南角，圈舍内砌有牲畜的食槽，其构造比较简单。南房一般是圈牛羊或放柴火的地方。庭院中间种有果树以及花草等。

## 修建新居

修建新居是保安族人生活中的头等大事，在盖房时邻居和亲友会前来相助，等新居建好之日，会有亲朋好友前来祝贺。保安族修建新居一般包括三个重要的环节：

**破土动工**　保安族盖房没有特别的看风水选址仪式，只是按自家田地的地址，并尽可能选择与本民族聚居的地方即可。开工的时间一般选在“主麻日”，开工前要请阿訇念经，以讨平顺。

修建新居 ▶

**上大梁**　盖房中的最重要的一个环节，上梁的吉日一般也是“主麻日”，给堂屋上大梁的时候，先要在红绸布和麻钱袋里装上银圆，然后在梁上裹系红绸布和麻钱袋，由木匠拿着斧头站在梁边，敲一下大梁，说一些吉祥的话，如：“家和万事兴”“恭喜发财”等，以示家事兴旺。上梁后，主人要撒喜糖，众人拥抢，抢到者为吉利。

**讨喜**　房子盖好后，亲戚朋友们都带着布匹、镜框、茶、糖等礼品前来贺喜。主人要杀鸡宰羊款待前来贺喜的客人，同时还要请阿訇诵《古兰经》，以示祝贺，祈福。

## 特色与功用

走进“保安三庄”，无论你走进哪一家保安族院落，首先映入眼帘、给人以深刻印象的便是在保安人家高高的、四方四正的围墙上的每一个犄角顶上，都竖立着一块大鹅卵石，有青色的、白色的、蓝色的和红色的，个别人家则将其矗立在大门两侧。这些色彩缤纷的石头，有些呈椭圆状，有些呈奇形怪样，千姿百态，为院落增添了几分特色。

保安人为什么要在院墙四周和大院门口安放这些石头呢？根据保安人传说，这是祖先传袭下来的习惯，为的是镇妖驱邪。

现在保安族的民居，一般都独家独院，室内陈设结构简单明了，利用火炕取暖，炕上铺着毛毡，可供人坐卧，炕墙周围多贴墙纸或挂围布。伊斯兰教反对偶像崇拜，保安族人家室内不贴人或动物的图像，房中也多挂阿拉伯文对联或“克尔白”图，以显示自己的穆斯林身份。他们喜欢把被褥横叠着放在炕角的板箱上，几乎每家都有炕桌，供吃饭、喝茶、待客用。

保安族是一个非常讲究清洁的民族，厕所一般建在不显眼旮旯里，许多人家还建有专门的沐浴房，供洗“大小净”时用。保安族院落的大门大多高大素雅，单檐起瓦，檐下雕刻有精美的花卉图案。

新居宅门

房檐雕刻

传统砖雕

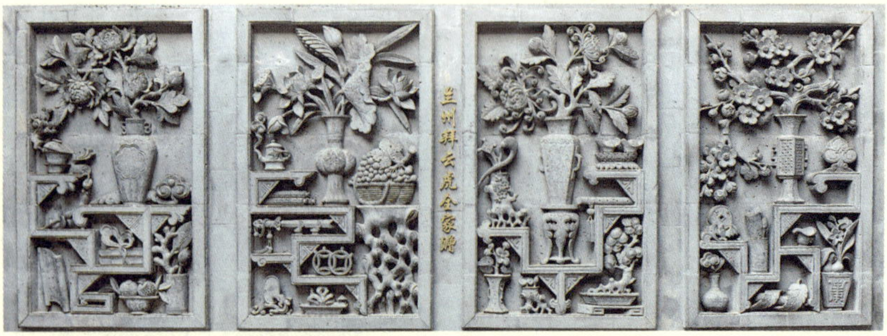
砖雕

大门多木制双扇门，立柱用青砖砌成，并饰以砖雕。随着经济收入的不断增加，建筑材料的发展和其他民族民居的影响，保安族民居的风格逐步向多元化发展，现在砖混结构的平顶房、二层小楼房也逐渐增多，装潢也逐步趋向时尚。

# 特产

保安族以农业生产为主，畜牧和采集为辅，手工技艺卓绝。保安族的风物特产品种繁多，著名的有保安腰刀、蛋皮核桃、蕨菜、花椒等物品。其中蛋皮核桃、冬果梨和他们制作的铜质镶花腰刀素有“保安三宝”之誉，闻名甘、青、藏等地。

## 蛋皮核桃

名闻遐迩的大河家鸡蛋皮核桃，核桃仁饱满略呈淡黄色，壳很薄且光滑，桃仁间没有夹层。积石山核桃栽植有2 000多年历史，各乡镇均有栽培，品种较多，年产量在10万公斤左右，但以大河家镇、四堡子乡最为有名，这种核桃壳光滑而薄，似鸡蛋皮，用手轻轻一捏即可破壳，脱仁容易，仁醇肥香甜，品质优良且出仁率高。

青皮核桃

## 蕨菜

蕨菜，也叫佛手，是一种久负盛名的野生山菜，多年生草本植物，含有人体所需的丰富的维生素，可入药，具有一定的防癌作用。采摘食用，性良味美，被誉为山中奇珍，蔬菜之王，自古列为贡品。《本草纲目》记载：“蕨，处处山中有之，二、三月生，拳曲如小儿拳，长则尾开如凤尾，高三、四尺。”积石山东麓气候湿润，土壤有机质丰富，植被良好，林地、草地面积广阔，植物生长茂盛，盛产蕨菜，是当地的拳头产品之一。

## 花椒

花椒是保安族人民的重要经济作物之一，保安族民歌“花儿”中对花椒有生动的描述：

花椒

花椒树长哈的一啪嗒，尕刺刺把我的手扎。尕妹妹好比是海里的花，海宽水深者摘不上她。

花椒树开花叶叶儿麻，椒刺儿把我的手扎。人多眼杂搭不上话，漫一个花儿了走吧。

晒花椒

积石山的花椒有刺椒、绵椒之分。刺椒香浓味鲜，产量稍低，因开花早，容易霜冻，栽植面积小；绵椒，又名大红袍，色艳，粒大，产量高，不易霜冻，栽植面积大，色味略次于刺椒。

### 冬果梨

冬果梨树为落叶乔木科，果实在秋末收获，以个大、皮薄、核小、肉厚、味甜、脆嫩、汁丰而驰名。积石山大河家地区，冬暖夏凉，适宜栽培冬果梨。冬果梨树冠高大，枝繁叶茂，树势强健，树龄长久，200多年的老树，仍能开花结实，果农们称它为“老寿星”。冬果梨果实呈卵形或倒卵形，个大而整齐，平均个重250克左右，大者超过500克，初摘时，果色鲜绿，果皮光滑，覆有一层薄薄的蜡质；贮藏后变为黄色或金黄色，有大而密的果点，突出果面。

## 保安腰刀

说起保安族，人们会很自然地联想到保安腰刀，保安腰刀现在成为保安族的民族标志。保安腰刀，是保安族的传统工艺品。其打制年代历史久远，其与新疆的英吉沙小刀、云南阿昌族的撒刀并称为“中国少数民族三大名刀”，闻名遐迩，享誉中外。

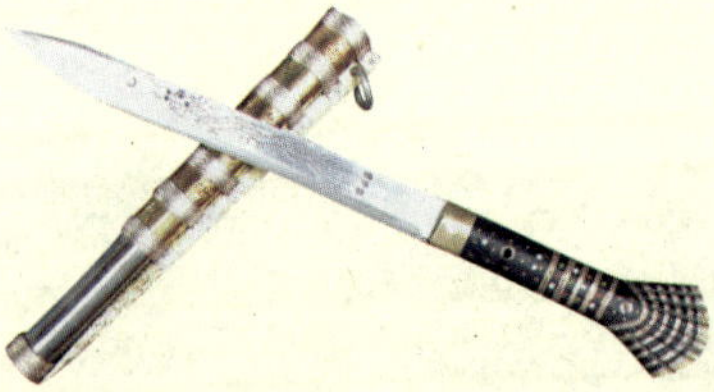
西瓜头

保安腰刀品种繁多，有“十样锦”“雅五其”“双落”“满把”“扁鞘”“双刀”“细螺”“波日

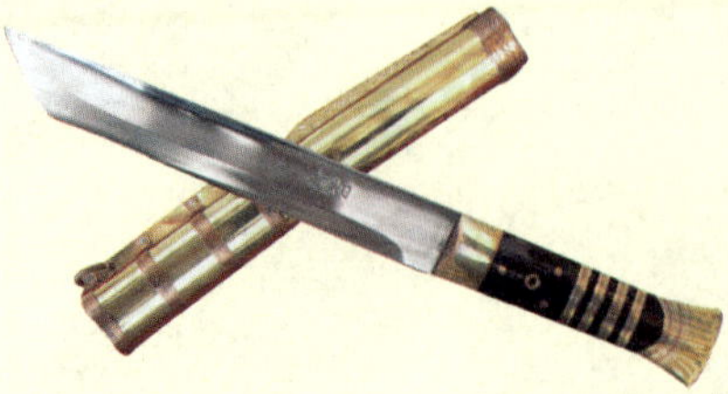
雅吾其

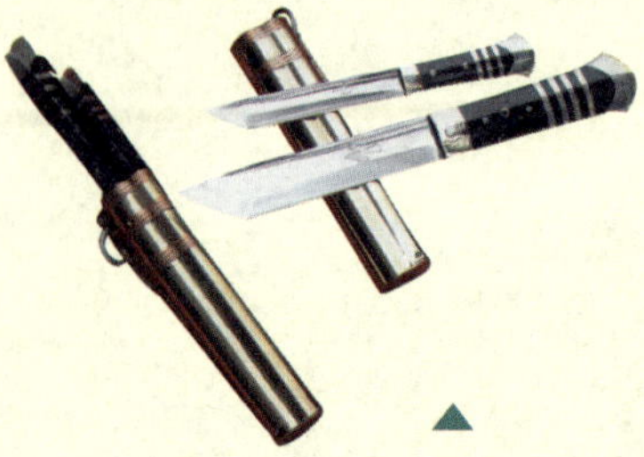
双刀

季”“哈萨刀”“蒙古刀”等。其中最漂亮的要算“十样锦”，最有名气的要数“波日季”。保安腰刀刀面上刻的图案，如“七颗星”“五朵梅”“一条龙”“一把手”等。

打刀技艺

保安腰刀销售一角

1985年3月，时任甘肃省青联主席的马少青随中国青年代表团访问日本时，曾把腰刀赠送给日本青年朋友，受到青睐。

2006年6月，第一批国家级非物质文化遗产名录公布，保安族腰刀锻制技艺榜上有名。多名保安族腰刀工匠成为国家级非物质文化遗产代表性传承人和甘肃省非物质文化遗产名录传承人，对保安族文化遗产和文化生态区的保护有着尤为重要的意义。

# 第六章 魅力文化

保安族在历史发展进程中，用自己的聪明才智创造出了丰富多彩的民族文学艺术。保安族“花儿”“保安令”“六六三儿”，演唱时高亢嘹亮、自由奔放、内容丰富、语言生动。神话、传说、故事、谚语在民间有着广泛的流传。

# 民族语言

保安族主要使用保安语和汉语，保安语属于阿尔泰语系蒙古语支。保安语是一种使用人口虽少，但却具有许多特点，内部的方言土语差别又颇为鲜明的语言。

| | | | 主格 | 领格 | 与位-宾格 | 离-比格 | 造-联格 |
|---|---|---|---|---|---|---|---|
| 第一人称 | 单数 | | bǔ | mənə | nadə | nasə | bǔɢalə |
| | 复数 | 排除式 | bədə | bədanə | bədandə | bədansə | bədəɢalə |
| | | 包括式 | mangə | manə | mandə | mansə | mangəɢa |
| 第二人称 | 单数 | | tcǐ | tcǐə | tcǐodə | tcǐosə | tcǐɢalə |
| | 复数 | | ta | tanə | tandə | tansə | taɢalə |
| | | | | 领-宾格 | 与-位格 | | |
| 第三人称 | 单数 | | ndzaŋ | ndzaŋnə | ndzaŋdə | ndzaŋsə | ndzaŋgala |
| | | | ŋgaŋ | ŋgaŋnə | ŋgaŋdə | ŋgaŋsə | ŋgaŋɢalə |
| | 复数 | | ndzasə | ndzasənə | ndzasədə | ndzasəsə | ndzasəɢal |
| | | | ŋgaŋlə | ŋgaŋlənə | ŋgaŋlədə | ŋgaŋləsə | ŋgaŋləɢal |

保安族中使用保安语的约占2/3，另外1/3使用汉语，如居住在大河家乡梅坡村的保安族。保安语除被一部分保安族使用外，还被一部分土族使用着。土族分布在青海省的互助、民和、大通、同仁、门源、乐都和甘肃省的天祝、永登等地，绝大多数使用土族语（蒙古尔语），一小部分使用汉语，讲保安语的有4 000人左右，如青海省同仁的尕撒尔、果木尔、年都乎下庄的土族，使用保安语的人口总数有1万人左右。

使用保安语的保安族主要居住在我国甘肃省临夏回族自治州积石山保安族东乡族撒拉族自治县大河家乡干河滩、大墩村以及高赵李家、肖家、尕集等地。

从保安语的词汇来看，50%左右是早期蒙古语词汇，40%是

知识链接 根词的结构比较简单，大多由一两个音节构成。派生词是在词干上接缀一些派生各类静词和动词的附加成分构成的。合成词的构成，一般按照联合、修饰、支配、补充等一定的关系把单词组合在一起。

汉语和部分阿拉伯语、波斯语词汇，还有一些藏语词汇。这些词汇，在日常生活中约定俗成，形成了独特的保安语词汇。保安语的词汇同蒙古语一样，从结构上讲可以分为根词、派生词和合成词，从来源上讲可以分为固有词和借词。

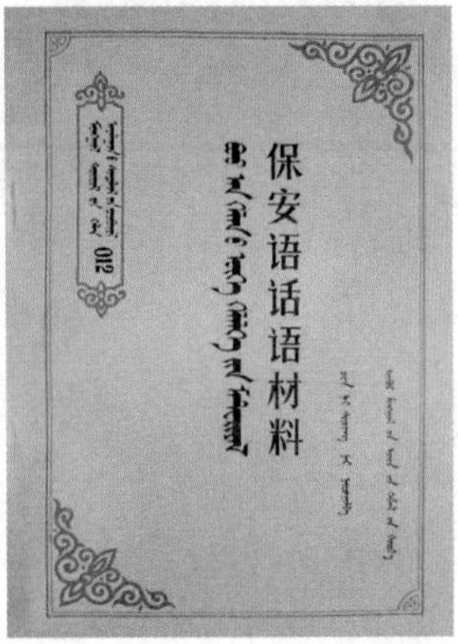


《保安语话语材料》书影

从语音上来看，保安语的固有词多保留词末短元音，这与蒙古书面语、土族语、东乡语一致。同时，保安语有其自身特点：

1. 保安语固有词的词首元音或词首音节脱落现象比较突出。

2. 保安语不存在元音和谐现象。在一个词的不同音节里，可以出现任何元音；词干中的元音与附加成分中的元音不要求和谐。因此，保安语的附加成分只有一种语言形式。

3. 保安语没有方言差异。保安族聚居的大墩、干河滩、高赵李家等村庄之间，只有极个别语音上的不同，但可彼此了解。语法方面几乎无差别。

对中国保安族语言文字的研究，起步于20世纪50年代对保安族语言文字资料的搜集，并取得了初步的成果。保安语是保安族人民的重要交际工具，但大部分保安族在对外交往的过程中却使用汉语（临夏方言）。由于保安语有过如上所述融合和分离的历史，造成了保安语内部的种种差别，我们大致可以把保安语分成同仁方言和积石山方言。

知识链接 保安族没有自己的文字。同仁土族的语言和积石山保安族语言是可以交流，没有大的差异。只是同仁土族因受藏语文教育影响，其语言中藏语借词较多，积石山保安族因受汉语文教育和伊斯兰文化教育，其语言中汉语和阿拉伯语、波斯语较多。

虽然保安语的使用人口不多、使用面积不广，但由于其中既保留着很多古老的语言现象，又产生着许多崭新的语言现象，并反映着不同历史时期、不同社会环境给这种语言烙下的各种印记。因此，它的传承对保护民族文化有重要作用。

# 传统教育

保安族的民间教育是以口传身授、父传子、师带徒的方式，在生产劳动和社会生活实践中，将本族群和人类发展的文明结晶代代相传的。保安族的传统教育可以分为以下几类：

## 家庭教育

家庭是一个人社会化的重要场所，也是维系人们情感的重要纽带。保安族非常重视伊斯兰教文化的传承，并将其放在本民族家庭教育的核心位置。

1. “伊玛尼”（信仰）和宗教功修的教育。保安族是全民信教。所以，每一个保安族儿童出生后，家长都会通过言传身教，使孩子们在脑海中确立五大信仰（信真主、信天仙、信经典、信使者、信后世）和五功（念、礼、斋、课、朝），并积极地去身体力行。

保安族小学生

学生课堂

2. 家庭伦理道德教育。长辈们在劳动的过程中将生产生活经验传递给下一代。在保安族家庭伦理观念中最重要的是孝敬父母、尊敬长辈，并以此为道德准则，认为无孝心的人是罪人，会受到世人的谴责。在伊斯兰教经典中，强调孝敬、服从和尊重是子女对父母应尽的义务。这种孝敬的思想观念贯穿在保安族的家庭伦理

积石山首家民办幼儿园——小博士幼儿园

保安族中学

以家庭为单位的保安腰刀手工作坊

教育、道德规范之中。还有，保安族人民在为人处事和社会生活中恪守并传承着行善、和为贵、真诚等准则，即使生活中的一件微不足道的小事，也要征得有关人的同意（要口唤）方可行事，否则被认为是不道德的行为。

3. 对本民族民俗文化的认同教育。保安族保留和传承着许多独特的民俗文化，如生育习俗、婚姻习俗、丧葬习俗、饮食习俗，等等。作为一个信仰伊斯兰教的民族，保安族的民俗基本上也都是以《古兰经》和《圣训》为准则的。保安族人民世代通过认同和传承自己的民俗文化来维系民族的感情，增强民族的凝聚力，更重要的是通过这种内化了的文化来巩固和加强伊斯兰教信仰。

4. 职业技术的家庭教育。早年保安族中有许多的手工业匠人和手工作坊，如制作土炮、土枪等武器的作坊，有铁匠、金银匠等工匠。这些作坊和工匠中大多都保持家庭传承，尤其是家庭父子传承。

## 经堂教育

伊斯兰教对保安民族的形成、社会文化、教育及民族心理素质等各个方面产生过重大的影响，在保安族的社会、文化及教育中起到了核心作用。保安族从始至终都传承着伊斯兰教教育的理念和宗旨。人们在参加各种宗教活动、宗教节日的过程中接受了

通过讲故事的方式让后代了解保安族的民族精神

诵读《古兰经》

伊斯兰教的知识。其中，经堂教育扮演了重要角色。

无论是家庭教育，还是经堂教育，在社会生活过程中，保安族的长辈总是以言传身教的方式，传授给后代宗教信仰、伦理道德、日常礼仪、生产活动等相关知识。在日常生活里，通过讲故事的方式让子孙了解本族先祖的迁徙过程和不屈的民族精神，还通过猜谜语、做游戏等形式进行伦理道德教育。

# 民间文学

保安族有自己的语言，而无文字，与共同生活区域的兄弟民族交往中都使用汉语。保安族的文学主要是口头创作，口头流传，并且不断地集体修改加工的民间文学。在阶级对抗的社会里，绝大多数的保安族处于被压迫的地位，又经过从原聚居地颠沛流离的迁徙，生活非常贫困。保安族民间文学的大部分内容，直接叙述反映的是保安劳动人民的苦难生活，表达的是劳动人民的愿望、要求和理想，是保安人生活历史的投影。从类别形式看，有神话、传说、故事、歌谣、说唱、谚语等；从内容看，有解释人类起源和各种自然现象的，有保安族形成发展中和兄弟民族和睦相处的，有善良的劳动者智斗邪恶的，有叱咤风云的英雄

《保安族文学》书影

人物故事，有止恶扬善的劝善故事等等。举凡社会生活，风土人情、民众风尚、山川河谷乃至民族关系等都有十分生动的反映。

## 神话

从保安族形成时间来说，最早从元代开始，即蒙古军占据河州以后逐渐聚集、融合，到明代中期形成的。按照文学发展的一般规律来说，这个时期已经不是产生神话的时代，但是从保安族的族源来说，却是由来自西域的“色目回回”人和本地区的各民族成员融合而成的共同体。随着历史的发展，在逐渐形成新的保安族共同体过程中，聚合融进的新成员把他们从先民中听来、学来的神话故事，根据自身条件，在新的环境中运用共同体使用的语言，借助想象和幻想，或改编，或补充，或模拟创作为新的故事，作为内部团结、联系感情、发展壮大民族的精神武器。

由于保安族信仰伊斯兰教，有些神话是依据伊斯兰教典籍中的故事，讲述人结合社会生活有所发挥，有所创造，有些是吸收聚居区汉、藏民族中的神话传说模拟改编的，如《阿旦·哈娲的故事》《神马》等，其内容基本保留了原故事情节，但在传说讲述的过程中却增加了较浓厚的保安族生活气息和较明显的地理特征。

## 传说

保安族的民间传说是长期流传下来的对过去事迹的记述和评价，有的以特定历史事件为基础，有的是纯属幻想的产物，都在一定程度上表现了人民群众的要求和愿望。它伴随着保安族的形成发展而存在发展，它取材于本民族或本地区的历史，反映的是民族的来源和本地区的社会状况、自然环境。如果我们把保安族的民间故事和传说看作无文字记载的历史投影，从中还能管窥保安族历史的大概。从元代驻军，明代修筑保安城堡的事实，“色目回回人”、蒙古人、东乡人以及驻扎保安堡的“营伍人”的传说中研究保安族的形成时期；从对泉水溪流、山峰大河、自然景物的传说中联想保安族聚居区的物种地貌；从人物事件的传说中看以封建小农经济为基础的保安族社会风貌和特色。

保安族的民间传说有《五眼泉的传说》《“波日季”腰刀的传说》《阿舅和外甥》《妥勒尕尕上天取雨》等。这些传说，尽管运用了许多夸张、幻想、渲染的手法，人物故事中描绘了理想化的色彩，由于有其人、其事、其物，因此一一道来仍显得真实亲切。

## 故事

保安族的民间故事有自身发展中扬善抑恶的故事；描绘与邪恶势力以及同大自然做斗争的故事；有教育年轻人做事要缜密周到，不能主观臆断，富有哲理性的故事；反映保安人的日常生活习俗、道德观念的故事。具有代表性的有《哈比卜的故事》《木匠和他的妻子》等。

《彩绘本中国民间故事·保安族》书影

## 谚语

谚语是熟语的一种，也是流传于民间的言简意赅的话语。“民间语言不仅自身就是一种民俗，而且它还记载和传承着其他的民俗事项”，在保安族日常生活中的习用语包括谚语、俗语、歇后语、称谓语等。这些发生于特定情景中的民间语言现象，承载并传承着保安族的民俗。此外，保安族的口头文学还有谜语、歇后语等。

**知识链接** 保安族的谚语多数反映了劳动人民的生活实践经验，如“秤砣虽小压千斤，花椒虽小麻人哩”，以通俗的语言告诫人们不要小看、鄙视任何人、任何事物的力量。它还提醒人们积石成山、积木成林。再小的事情也要谨慎对待，否则会因小失大，酿成祸患，反映了保安人谦虚、谨慎的性格特点。“人抬得人高，水抬得船高”告诫人们在生活中应当相互尊重、团结，共同协作。尊重他人的结果，自己也会得到尊重，才有可能得到众人的帮助、支持。自己的声誉、威望才会得到提高，反映了保安族群众追求和谐的人际关系的善良愿望。

保安族的谚语是保安人民生活智慧的总结，是多民族共享的口承民俗。保安族民众社会生活中俗语、谚语的内容辐射面较广，涉及政治、经济、文化、伦理、宗教等日常生活的各个方面，其形式一般用一句话寓意一事，含义深刻，句子短小精练且押韵。然而，这些口承民俗并不是保安族民众独享的，它是积石山地区多民族共同创造的。现已搜集到的俗语、谚语主要可分类为生活经验谚语、事理德行谚语和人际关系谚语。比如：

什样锦刀子老藏在鞘里刀刃上会生锈哩！

花椒虽小麻人哩！（秤砣虽小压千斤）

大石头哈弯者走，尕石头拾者走。

三九里吃冰心里头没病。

满瓶子不响半瓶子晃荡。

人到难处耍加言，马到崖边耍加鞭。

宁给狠人牵马坠镫，不给㞞人出谋定计。

狗肚子装不下酥油。

# 民间歌谣

保安族民间歌谣，是保安族人民表达情感最为便利和快捷的歌唱传统，真实地反映着他们的生活状态，反映着他们的喜怒哀乐，反映着他们的憧憬和期望，是他们的真情实露。

保安族的民间歌谣内容十分丰富，其中以“花儿”为主要形式，在保安族的民间文学中占有相当大的比例，堪称是“保安族

第二届大山庄峡“花儿”歌手邀请赛

人民生活的百科全书”，除此之外还有宴席曲、哭嫁歌、打调等，内容独特，别具一格。

## 花儿

保安族“花儿”是河州“花儿”的一个分支。保安族在演唱河州“花儿”时，衬词中多使用保安语，表现出保安族的特色。

“花儿”表演

“花儿”歌手

保安族“花儿”的基本形式是四句一首，前两句为比兴，处于从属地位，是对后两句起主导作用的主旨句进行配合，后两句为本意。前两句的从属一般是实的景物，后两句的主体多半为虚的情意，实虚相配，正好结合成一幅主客观统一的生活图画，即意境或艺术形象。因为意境的两个基本要素就是情和景，情景交融便是意境的基本特征。比如保安族“花儿”中的《保安令》：

高不过蓝天深不过海，
好不过雨后的云彩，
幸福的大道共产党开，
好不过毛泽东时代。

“花儿”，是保安族的百科全书，反映的是保安族人民的方方面面。“花儿”的演唱综合反映了保安族文化形态。这首“花儿”就是保安族特色文化形象的反映：

什样锦把子的尕刀子，
银子拉镶下的鞘子，
青铜拉打下的尕镊子，
金线拉缩下的穗子。

▲

嬉水唱"花儿"

保安族中最优美的"花儿"反映着文化质朴的爱情生活。

冰冻三尺是冷下的，
河里的麻浮是咋的？
尕脸恼害哈是想下的，
嘴上的血痂是咋的？

## 宴席曲

保安族《宴席曲》作为一种"家歌"，是在娶亲喜宴的日子里家庭院落中唱的歌。歌词内容丰富，曲调优美欢快，节奏感强，在演唱时伴有舞蹈动作，边歌边舞，气氛热烈。在新婚之夜，村里的青年们集合到男方家里，围着火堆，挑选能歌善舞的歌手，带领着大伙儿又唱又跳，共同享受新婚娶亲的欢乐。

由于《宴席曲》的歌词与"花儿"截然不同，表演的场合与"花儿"有严格的区别。其内容一般是叙事性的，有较完整的故事情节和人物形象。结构上有头有尾，长短不限，以叙述清楚一件事表达一种思想即可。在宴席场中唱《宴席曲》，不分男女老少，沾亲带故都可参加，容易被人们接受而受欢迎。

保安族宴席代表曲目有《恭喜曲》《韩营长》和《满拉哥》。其中《满拉哥》叙述保安族姑娘麦丽燕嫁给回族男青年——一个小满拉，后因丈夫去世，年轻的麦丽燕怀念丈夫，为丈夫哭丧而成《满拉哥》。其部分唱词为：

葱白的（啊）衫子风摆柳啊，
莫泥沟里再没有你啊，
我的满拉哥吆，
白丝布的袜子双捻头的鞋啊，
我做一双你穿一双啊，
我的满拉哥吆！

我的二十三的满拉哥啊，
你什么时候回家来哩啊，
你什么时候看我来哩啊，
我的满拉哥啊满拉哥哟！

婚礼《宴席曲》

我在窗跟前偷听着时，
晴天里响了一声炸雷啊，
我听见我的连心人无常了啊，
我的满拉哥吆！我的眼前黑下了啊，
心里的火壶跌下了啊，
肝肠花断了心疼碎了啊，
我的满拉哥吆！

### 哭嫁歌

哭嫁歌作为保安族民间歌谣中的一种特殊形式，是姑娘出嫁时的一种风俗，现在保安族姑娘出嫁时唱哭嫁歌的已经很少。

## 书面文学

“一定的文化是一定社会的政治与经济在社会形态上的反映”。保安族的书面文学是伴随中国社会发生翻天覆地的变化后产生的。1949年，中华人民共和国建立，保安族人民从此站起来，彻底翻身得解放，不仅从政治上、物质上获得当家做主的权利，而且开始享受文化教育的权利。扫盲识字，兴办学校，送儿童上学，文化教育事业逐步发展了起来。保安族一代识汉字的文化人开始产生了，一批年轻的知识分子在中国共产党的阳光雨露下茁壮成长起来，反映保安族社会的书面文学创作有了产生的条件。由于保安族在过去上学读书的人极少，新中国成立后培养起来的文化人大部分从事行政工作。到1958年的“大跃进”时期，提倡全民写诗，唱

现代保安族文学著作

"花儿"，一些有文化的人写了一些即兴"花儿"诗，其他书面创作基本上还是空白的。党的十一届三中全会以后，拨乱反正，在有关文化部门的扶持下，文学新人逐步成长起来，保安族的书面文学有了可喜的进步。一些文学爱好者用自己的笔书写现实生活的画卷，保安族书面文学创作迈出了第一步，谱写了保安族历史上书面文学的开端。特别是1981年，积石山保安族东乡族撒拉族自治县成立以后，保安族书面文学开始发展起来，一批作家、诗人蓬勃成长，文学作品不断涌现，迎来了保安族书面文学发展的新阶段。

## 诗歌

保安族的诗歌创作是在搜集、整理、创新民间"花儿"的基础上形成的。诗歌的创作又因保安族文学的整体发展而日趋成熟起来。如丁生智的"花儿"诗《火红的太阳当头挂》，无论是内容还是形式，都表现出鲜明的时代特征：

火红的太阳当头挂，
崔家峡红旗如画；
开山劈石建渠坝，
摆开了三庄的人马；
日夜奋战不疲乏，
清流水要浇个庄稼；
保安儿女决心大，
心里头揣着个四化。

这首诗歌颂了"保安三庄"的人民为引水灌田开山劈石修建渠坝，日夜奋战的动人情景。在表达形式上基本上没脱出"花儿"的框架，我们把这种书写的"花儿"，称作"花儿"诗。对学写新诗的保安族人来说，写"花儿"诗是"轻车熟路"。那些爱好"花儿"的文化人，汲取"花儿"的营养，谱写了许多新生活的颂歌。同时，他们刻意追求新时期诗歌的各种表达形式，显示出诗歌创作中丰富多彩的发展势头。

《牛皮筏情思》，也是丁生智带着对家乡的热爱，创作的一首新诗。在内容上表现黄河的汹涌澎湃，刻画了牛皮筏工——炎黄子孙的"坚毅与肝胆"，语言铿锵深沉，浸透着豪情壮志，又包含着深刻的哲理。

耳边回荡着雄浑的涛声，
吃力的桨杆伴合着沉重的累喘；
牛皮筏啊！一把飞舞的桨，
倏地，溶进了我思绪的瞬间；
啊！古老的牛皮筏，
黄河上的不沉之船；
浪涛赠给它一声震耳的惊雷，
急急的漩涡里划拉出峰回路转。
在这飞船登月造星的岁月，
时代的浪潮追踪着不息的信念；
可筏子客的汗滴却依然浸透着，
炎黄子孙的坚毅与肝胆。
浪谷波峰中搅动的情感，
让，岸上的柔风送去我的心愿；
划吧，应着黄河奔腾的狂澜，
合着洪涛拍岸的节奏再跃上一个浪尖……

牛皮筏——黄河上的不沉之船；在浪涛、惊雷漩涡中划出峰回路转，在时代的浪潮中以炎黄子孙——保安人的坚毅与肝胆，追踪不息的信念，这是保安族人的时代精神，也是作者炼字成诗的思想火花。这洗练的文笔，初步显示了作者的诗歌创作能力。

还有马学武的《花儿漫过野风的山岗》，也是一首赞美保安族现实生活的诗，语言生动、情思浓烈，表现出较强的创作能力。

## 散文

保安族的散文创作是十一届三中全会以后开始的。一代保安族的文学爱好者们以面对改革开放、丰富多彩的农村生活，运用自由短小的各种散文体裁，反映生活，抒发感情。这些散文中有描述保安族风情的，有介绍传统习俗的，有说明工艺特产的，更有叙事抒情散文。

保安族散文内容体现了保安族风情工艺、特产技艺、农村生

保安族文学及学术著作

活、人物，等等。代表性作品有绽秀义的《柳叶青青》和马少青的《祖父》。

**知识链接** 《柳叶青青》生动反映了主人公打破精神枷锁，并开始掌握自己的命运，摆脱贫困面貌的社会现实。这篇散文于1985年获得全国少数民族文学创作二等奖和甘肃省民族文学特别奖。

马少青的散文作品，具有浓郁的地方色彩和民族风格，同时吸取多民族文学营养，从中可以看到作者力图在作品中赋予一种现代意识，并且追求自己独特的艺术个性。他的散文作品《祖父》，是他饱含着内心的一种思念，低吟的一段心曲。这篇散文1987年获得甘肃省青年文学奖。

马祖伟的散文《苦苦菜》《魂系大河家》也是新近出现的散文作品，表现出积极向上的文化心态。马沛霆的散文《山火的凝练》《再说仁义巷》，从家乡的历史积淀中开掘出思想火花，表现特有的情思。

《中国保安族》书影

## 小说

保安族的小说也是在改革开放的时代潮流中形成的，许多文学爱好者崭露头角，作品内容也较丰富。

农民作家绽秀义的短篇小说《麻拉巴过节》，通过叙述麻拉巴家庭的生活遭遇，反映党的十一届三中全会后，农村实行承包责任制，保安族生活发生的巨大变化。小说以麻拉巴开斋节炸油馍为主线，主要叙述了主人公在“文化大革命”中艰难生活和改革开放以后生活改善的喜悦心情。小说圆满的结局，使读者从跌宕的情节中舒缓了一口气，获得心理上的安宁和平静，给人以轻松舒畅的感受。这篇小说曾获甘肃省第二届民族文学二等奖。

《甘肃保安族史话》书影

## 戏剧

《桑摩尔》是一部五幕“花儿”舞剧。作者马少青和郭正清在深入研究保安族社会历史的基础上，以艺术的手法体现历史真实，歌颂了民族团结，揭露了封建统治者的罪行，成为保安族戏剧作品的先河。

《保安族文化大观》书影

《桑摩尔》以西北少数民族中喜闻乐见的“花儿”为主旋律，以歌舞形式创作了藏族姑娘卓玛和保安族青年尕拉孜纯洁美好的爱情和善良勇敢的舞台形象，描绘了卓玛为友谊，为爱情，即使“陷入泥潭也心甘”的美好心灵。同时还不同程度地刻画了具有一定意义的人物形象，生动地再现保安族人从青海同仁迁到甘肃积石山大河家的危难中，受到藏族郎加部落的援助而幸免灾难的历史情景。

**知识链接** 剧情是以两个青年男女的爱情为主线展开的；藏族青年卓玛和保安族青年尕拉孜是自小相识的一对恋人，他们的恋爱关系受到藏族麻巴部落头人的阻遏。为此，麻巴部落的头人挑动藏族青年毒打了尕拉孜，引起保安族青年的愤恨。保安族头人舍力布禀报地方官员——土把总要求调停处理，但土把总却以杂居之地“以夷制夷”的毒辣手段，偏袒纵容藏族麻巴部落对保安人的仇视下屠戮的杀机。在这紧要关头，卓玛勇敢地给保安人通风报信，让保安人即刻躲避祸患。保安人被逼之下，扶老携幼，举族逃亡的途中，藏族郎加部落却伸出友好正义的双臂，竭力阻挡麻巴部落的追击，保护保安人幸免于难。保安人平安地到达了落居的地方后，卓玛和尕拉孜结成幸福的伴侣，藏族郎加部落和保安族之间的友好情谊越加深厚，麻巴部落也已悔悟，两个民族和睦团结在一起。

“花儿”剧《桑摩尔》在运用历史题材和艺术表现形式方面是比较成功的。每个民族都有许多动人的历史、传说故事和值得

保安腰刀表演剧

歌颂的英雄人物，有些故事和英雄人物铭刻在人们的心中，世代相传。这些活在人们心中的历史人物和故事，有些在今天仍有一定的教育鼓舞作用。

积石山迎州庆“花儿”歌手大奖赛

# 第七章
# 传统游艺

保安族因地制宜，在长期的历史发展中摸索和总结出，如射箭、甩抛尕、打五枪、抱腰、塔石纳特等传统民间体育项目。在日常生活中流传有打蚂蚱、拾子、跳表窝、下尕窝等游戏项目和《宴席舞》《扇子舞》《斗来舞》《五比舞》《保安腰刀舞》《克依卡哈德舞》《收割舞》等舞蹈。

# 民间体育

保安族人民在长期历史发展中，摸索出很多强身健体的体育活动项目，如射箭、甩抛尕、打五枪、在五旗、抱腰、塔石纳特等传统民间体育项目。保安族的体育活动，一般在冬闲的时候举行，具有普及性与因地制宜的特点，如“打石头”和武术已被列为全国少数民族传统体育运动会表演项目。

## 射箭

弓用劈开的大竹竿做成，弓的两头套有水牛角。弓绳是几根拧在一起的牛盘绳做成，铁制的箭头呈长三角形，半斤多重。箭绳系有红樱穗，一般射程200米左右。每年冬季，青壮年男人举行射靶比赛，比赛结束时，宰羊庆祝优胜者。

## 甩抛尕

甩抛尕原是为打仗需要和放牧需要而产生的，现在成为体育活动项目。甩抛尕的用具是用增加臂力的绳和装石子的布袋子组成，绳由牛毛线织成，有大拇指粗，长1.66米，绳中间是布袋子，装鸡蛋大小的石子；使用时，甩动绳子一头带动绳子另一头的石头，然后松开拇指和食指，石子飞驰而去，击中目标。

## 打五枪

保安族聚居的“保安三庄”几乎每年都要举行此项体育比赛。比赛要求参赛者用土枪，从装火药、扣压引火帽到射击，必须一气呵成，并且规定这一连串的动作必须在飞驰的马背上进行，在200米距离内完成打五枪的任务。“打五枪”活动一般在冬闲时举行，场面十分壮观，届时所有保安族群众都前来观看。获胜者为本村争光，人们都表示祝贺。

## 在五旗

这个项目是在马背上进行的。将旗套在旗杆上；旗杆是特制的，用四五片竹子扎成旗杆，分三等，有2.66米、3米、3.33米的。比赛前，选手们牵马站在起跑线上，右手扶住插在马鞍右侧铁孔里的旗杆，起跑号枪一响，迅速上马踩蹬飞奔而去。在百米的距离内，骑手要握住旗杆末端，以惊人的臂力，灵活的动作，连续做完五个方向的挥旗动作，即从右到左，从前到后，最后从头顶挥过去，保安人称抹“五门旗”，到达终点前，谁先挥完五个方向，谁就是第一名。

## 抱腰比赛

这一项目不受场地、季节等限制，是青年人喜爱的活动。这是体力和技巧的竞赛，比赛双方在攻与守的矛盾中，力争抱住对方的腰部，谁先抱住对方，并使其双脚离地，谁就得胜。

## 塔石纳特

意为打石头，也叫打缸。这是流行在保安族、东乡族、撒拉族群众中的一项民间体育活动，已有200年的历史。开展这项活动，不受场地、器材、人数、时间的限制，只需在空地上捡几块薄而圆滑的石头，再选一块4米~5米见方的平地，竖起一块方石头或砖，当作“靶子”，就可比赛。比赛者按规定的动作顺序，运用手、臂、肩、头、脚部位的协调动作，用石块击打4米~5米以外的“靶子”，全部动作完成后，以击中“靶子”次数多的一方为胜者。负者则按照胜者提出的要求或事先商定的条件，为大家表演歌舞节目。这项体育活动灵活多样，男女老少均可参加，因此很受群众欢迎。

## 夺腰刀

青年人三、四、五不等分两组进行夺腰刀，如哪方夺得了腰刀就是胜利一方。这个项目经过保安族研究者的挖掘和整理，

夺腰刀表演

▲

夺腰刀表演

已经多次参加全国、省、市（州）少数民族传统体育运动会，并多次获得好的名次。

## 民间游戏

民间游戏是指流传于广大民众生活中的嬉戏娱乐活动，俗称“玩耍”，主要流行于少年儿童中间和节日里成年人娱乐节目之中。有些游戏项目在发展中逐渐完备，最后形成了竞技项目或杂技艺术。在保安族地区流传着许多具有浓厚生活气息、风格各异的游戏，具有浓厚区域文化气息、玩法简单易学、趣味性强、材料简便，不受人数、场地、环境限制，也是保安族民俗的重要组成部分。

### 打蚂蚱

打“蚂蚱”是男孩子玩的游戏。玩具是龟头大刀形的板子和用木棍削成的“蚂蚱”。在开阔的场地画一圆圈，一方站在圈中，手握板子，诱发“蚂蚱”跳起，再以板击“蚂蚱”，飞出很远，叫对方去捉。捉住后站原地往回掷，如掷进圆圈内就算得胜，对方让位。掷不进圆圈内，或是掷在外场，握板的一方再将“蚂蚱”击远。用板子数距离。最后，谁得分数多，谁就赢了。失败者将胜者背起，满场转一圈儿。

### 拾子

拾子也叫“揪子”，这是10岁左右的姑娘通常玩的一种游戏。选拾蚕豆大小，滚圆而光滑的石子抛玩。

### 跳表窝

跳表窝也叫“各霸一方”，多是姑娘们玩的。选择一块平坦的空地，划出5米见方的阵地，为8个到10个方形基地，画地为牢。线路要清晰，通过掷石块，竞跳单腿，为自己争取有利地形。选用的玩具是巴掌大、平而光滑的瓦块和石头。通过竞争跳越，谁占领的“城池”多，谁就为胜。

### 下尕窝

下尕窝也是姑娘们玩的游戏。选用圆润光滑的石子和一块平坦的场地，对正地挖开8~10个窝子。先由一方玩，拾起一窝石子，一颗一颗逐一放在其他几个窝子里。放到哪里，哪里拾起，有子继续放，无子踩空、失利，让给对方。

## 歌舞艺术

保安族能歌善舞，随着历史的变迁，保安族形成了自己独特的民间舞蹈，其舞蹈动作舒展潇洒、粗犷豪放、轻盈明快、风趣典雅。舞蹈语言清新靓丽、古朴典雅、深浅交织、酣畅淋漓，主要表现头部的左右摇动，肩膀的摆、耸、颤，手臂的曲直舒展，腰部的动作配以前倾后仰、左右旋摇、跨步灵活、大小相同。

保安族的舞蹈主要有《宴席舞》《扇子舞》《斗来舞》《五比舞》《保安腰刀舞》《克依卡哈德舞》《收割舞》等。

## 宴席舞

宴席舞是最具有代表性的保安族传统民间歌舞，通常在娶亲时表演，遇丰收，或其他喜庆日子也常跳。宴席舞来源于保安族的婚礼习俗。结婚时由新郎和本村的青年组成“迎亲队”到女方娶亲，女方村里的男女青年也组成迎亲队，在村口以墨笔涂男方陪送者的面部，并用拳击之，以相戏谑。娶亲后，新郎、新娘骑马回家，举行宗教仪式，随后即散发核桃、红枣。凡是贺喜的人，不分男女老少都要向主人索取一份，祝贺他们吉祥如意，红喜临门，夫妻和睦。最后宴席开始，在篝火的映照中，请本村最好的歌手唱宴席曲，大家也就随着唱词边歌边舞。宴席舞的表演者，人人能触景生情，随口填词。歌词丰富多彩，曲调优美，舞步稳健、潇洒，一般多为对唱、对跳，即兴表演。

婚礼《宴席曲》

“斗来”舞是具有浓郁保安族民族特色的宴席舞之一。“斗来”，保安族语，即跳起来的意思。它是保安族婚礼中以庆贺的方式形成的舞蹈，这种民间歌舞只限于在新婚之夜表演，表演者均由村里的能歌喜舞者组成。等到夜幕降临，“斗来”舞的表演者们，首先由东家请吃宴席，席毕，“斗来”舞的组织者说一声“踏郎阿起日”（保安语，把柴拿来），东家就把整捆的柴拿来燃起，“斗来”舞便围绕火堆开始了，随着火的燃烧，“斗来”舞的表演者们即兴歌舞，也有事前编排好的。这种舞蹈全由男子组成，有独舞、双人舞和群舞。他们触景填词，歌词丰富多彩，幽默风趣，大都是赞颂五谷丰登，安居乐业，祝东家和睦相处，愿新郎、新娘白头偕老，早得贵子等内容，曲调优美，舞步雄健、洒脱，节奏平稳。歌词一般多用保安语演唱。这种“斗来”舞一直连跳到深夜，到了一定程度，表演者们拉来东家，边舞边推搡，这叫“烤公公”，是一种独特的欢庆方式，由此把“斗来”舞推向高潮。然后，东家又拿来油饼、油炸果、手抓羊肉、馓子等食物来招待表演者，东家还给“斗来”舞的组织者送上一套衣服和披红等其他物品，“斗来”舞才算结束。

**知识链接** “五比”舞是保安族的宴席舞之一。因保安族信奉伊斯兰教，而且与回族杂居和通婚，从而形成了具有回族宴席舞特色的保安族宴席舞。舞蹈和音乐基本与回族宴席舞相近，动作细腻而舒展，在摇头、屈伸、尖步的基础上完成。

宴席舞的动作特点是头部有规律、有节奏地摆动。动律是由下颏的左下侧向右上侧自然摆动，摆动时节奏性强并有停顿。整个身体的左右摆动较明显，尤其是两胯部分更为突出。腿部屈伸较大，脚落地时有力、稳健，多属邀请动作。手形为半握拳，大拇指伸展，其意为夸赞保安族在气质上是一个“有自豪感的”民族。这种手势在保安族民间舞蹈中运用甚为普遍。保安人民在舞蹈时喜欢昂首挺胸，整个动作和情绪都表现出民族自豪感。

## 扇子舞

自保安人民迁到甘肃以来，和周围的汉族、回族、藏族、撒拉族、东乡族等民族的生活、贸易、文化生活、宗教等方面都有交往。男子扇舞是保安族人民利用汉族扭秧歌时用的扇子，在执扇和舞法上创造了许多花样，如抖扇、翻扇、绕扇、平扇等。舞时手全把执扇，手腕的抖动非常灵活，并带动整个臂部，摆动时有股韧劲。同时使胯部的扭动，腿部的屈伸，相互呼应。脚下步伐在拖、挪、靠步的表现上亦甚细致，尤其将要结束时，脚步跳

▲

扇子舞

出的一下自然动作，即一腿稍弯踏地；另一腿弯靠其后的舞步，更加突出了该舞独具的风格，使保安族男子扇舞成为一个特色鲜明、潇洒大方的民族民间舞蹈。

## “骑马、抹旗、耍枪”舞

因保安族在一定程度上受到藏族和蒙古族生活风俗的影响，保安族青年喜爱狩猎。特别是在自己一年一度“五月端阳”和“六月六”浪山节上，男女青年们背上猎枪，进行射击比赛，从而在舞蹈中有骑马、抹旗、耍枪舞。

在保安族的婚礼中，娶亲队伍里有二至三位妇女外，其余均为男子，男女都骑马去迎亲，新娘一出家门，娶亲队伍策马扬鞭，直奔男方村。此时，男方村里已热闹非凡，有摔跤的、赛马的、抱腰的、扳手的。这支娶亲队伍到达后，便开始进行小型的庆祝活动，他们腰插小旗，身背猎枪，腰挎做工精细的保安腰刀，好不威风，然后跳起抹旗、耍枪舞，这是保安族的迎亲歌舞。

因保安族和周围回、汉、东乡、撒拉、藏、土等民族长期交往，保安族舞蹈不仅形成了自己独特的风格，而且具有藏族舞蹈的粗犷、彪悍，也有回、土等民族舞蹈的抒情，深受人们的喜爱。

自治县成立三十周年庆祝大会
2011

# 第八章
# 民族区域自治

新时期，在党的领导下，保安族人民展新姿。随着党的民族政策和相关政策的落实与扶持，大大调动了保安族人民的社会主义建设积极性，在发展生产、改善人民物质文化生活等方面有了新的进展。今天的保安族人民同各族人民团结一致，为祖国的明天，贡献自己的力量。

# 高歌自治庆新生

积石山保安族东乡族撒拉族自治县县城

民族区域自治制度，是指在国家统一领导下，各少数民族聚居的地方实行区域自治，设立自治机关，行使自治权的制度。中国是由56个民族组成的统一多民族大家庭，新中国成立后，按照“政治协商会议共同纲领”的规定，各少数民族聚居

的地方，实行民族区域自治，并于1952年发布了民族区域自治实施纲要。

积石山保安族东乡族撒拉族自治县位于甘肃省西南部，处于黄土高原与青藏高原交汇地带。全县总面积910平方公里，辖16个乡、2个镇，总人口22.47万人，有保安、东乡、撒拉、汉、回、土、藏、维吾尔、羌、蒙古等10个民族，其中少数民族占总人口的51.9%，是全国唯一的保安族聚居地，保安族人口占全国保安族总人数的95%以上。

▲
大禹广场

## 保安族聚居地的民族区域自治沿革

1949年11月14日，毛泽东致电彭德怀及西北局，指出："要彻底解决民族问题，完全孤立民族反动派，没有大批从少数民族出身的共产主义干部是不行的。"西北局指示临夏地区大量吸收和培养少数民族干部，坚持民族平等和民族团结。据此，党和政府选拔了一批保安族青年加以重点培养，并吸收一批保安族上层人士参加政权建设。1949年11月18日，保安族代表参加临夏县第一届各族各界代表会议，讨论贯彻民族政策、减租减息、剿匪肃特、恢复生产、兴办教育等事项。

1949年12月2日，中央人民政府委员会经过区、县、省三级人民代表会议组织通过，规定："少数民族聚居的地区，实行民族区域自治。"1949年12月20日，"保安三庄"进行群众集会，认真讨论实行民族区域自治的问题。1950年6月，大墩建立了包括关门、郭家、长林驿、阴家山岭、麻池、麻池沟等7个自然村的农会组织，接着梅坡、周刘家、高赵李家村、干河滩等保安人聚居的"保安三庄"成立了农会组织。

1951年8月6日，西北军政委员会民政部批准，成立临夏县保安族自治区。

1952年3月25日，政务院正式批复保安族为一个单一的民族，命名为"保安族"。从此，保安族成为祖国大家庭一个正式成员。同年3月27日，根据《中华人民共和国民族区域自治实施纲要》和保安族人民的愿望，成立了保安族自治乡，全乡由大墩、梅坡、干河滩、崖头、高赵李家等5个行政村、18个自然村组成，共858户人，其中保安族644户。是日，在梅坡村召开了保安族自治乡第一届人民代表大会，出席会议的65名代表中，保安族代表12名；选出的乡政府11名委员中保安族占9名，选举马如良为乡政府主席，周尚文为副主席。

1952年4月25日，中央人民政府内务部批准，设立临夏县大河家回族保安族撒拉族土族自治区。1954年4月2日，积石山地区又成立了“大河家回族保安族撒拉族土族联合自治区”，这是一个多民族联合的自治机构，下辖包括保安族自治乡在内的10个乡，30个行政村，90个自然村，共有保安、回、撒拉、土等9个民族的24 649人。1955年3月16日，经国务院批准，撤销大河家回族保安族撒拉族土族自治区，保留大河家保安族自治乡，改名为大河家保安民族乡。

积石山县民政服务大厅

1956年11月13日，临夏回族自治州成立，在召开临夏回族自治州第一届人民代表大会上做出决议，保留临夏县大河家回族保安族撒拉族土族联合自治区及保安民族乡。自1958年起，国务院决定撤销永靖、临夏两县，将两县辖区划归临夏市，保安族地区随之划归临夏市管辖。保安族乡的名称也随之改为保安族人民公社，1961年12月15日，恢复永靖、临夏两县建制，保安族地区重归临夏县管辖。

1980年6月14日，根据保安、东乡、撒拉等各族人民的愿望和要求，国务院以保安族主要聚居地的地名作为县名，正式批准成立了甘肃省第一个多民族联合自治县“积石山保安族东乡族撒拉族自治县”。下辖18个公社，其中包括原临夏县乩藏区的乩藏、小关、中咀岭、居集、郭干、铺川、银川7个公社；吹麻滩区的吹麻滩、寨子沟、安集、胡林家、关家川、柳沟、石塬、刘集、大河家9个公社，共136个大队，1 297个生产队，2.96万户16.44万人。1983年，将公社改建为18个乡（镇），共145个行政村。

积石中学

## 民族干部

新中国成立以后，按照民族自治地方的人民政府的组成人员以及政府所属工作机构中，要尽量配备少数民族干部，对基本符合条件的少数民族干部要优先配备的原则，在党政各级机关都有保安族干部任职。

| 时间 | 会议 | 姓名 | 职务 |
|---|---|---|---|
| 1951年6月30日 | 临夏专署第一届民族事务委员会 | 马如良（保安族） | 委员 |
| 1956年11月23日 | 政协甘肃省临夏回族自治州第一届委员会 | 韩振纲 | 副主席 |
| 1959年10月22日 | 临夏州第一届代表大会 | 马全德（保安族） | 代表 |
| 1963年3月18日 | 政协临夏州第三届委员会第一次会议 | 韩振纲 | 副主席 |
| 1964年4月17日 | 中共临夏州第二届代表大会第一次会议 | 马全德（保安族） | 代表 |

续表

| 时间 | 会议 | 姓名 | 职务 |
|---|---|---|---|
| 1964年8月26日 | 临夏县第六届人民代表大会第一次会议 | 马福元（保安族） | 副县长 |
| 1980年8月11日 | 中共临夏州委发出决定成立临夏州委政法小组 | 马如麒（保安族） | 组长 |
| 1980年10月 | 成立中共积石山保安族东乡族撒拉族自治县工作委员会 | 马福元（保安族） | 书记 |
| 1980年12月10日 | 甘肃省民族事务委员会第六届委员 | 马正云（保安族） | 委员 |
| 1983年6月3日 | 政协积石山保安族东乡族撒拉族自治县第一届委员会 | 马世恭（保安族） | 副主席 |
| 1983年11月27日 | 积石山保安族东乡族撒拉族自治县二届一次人代会 | 马正云（保安族） | 副主任 |
| 1983年11月27日 | 积石山保安族东乡族撒拉族自治县二届一次人代会 | 马如麟（保安族） | 县长 |
| 1985年4月30日 | 积石山保安族东乡族撒拉族自治县第二届人民代表大会第二次会议 | 马世仁（保安族） | 县长 |
| 1987年3月2日 | 政协积石山保安族东乡族撒拉族自治县第二届委员会第一次会议 | 马世恭（保安族） | 副主席 |
| 1987年3月3日 | 积石山保安族东乡族撒拉族自治县第三届人民代表大会第一次会议 | 马正云（保安族） | 副主任 |
| 1987年3月3日 | 积石山保安族东乡族撒拉族自治县第三届人民代表大会第一次会议 | 马世仁（保安族） | 县长 |
| 1987年3月26日 | 中共积石山保安族东乡族撒拉族自治县第二次代表大会 | 马如麟（保安族） | 县委书记 |
| 1987年3月26日 | 中共积石山保安族东乡族撒拉族自治县第二次代表大会 | 马世仁（保安族） | 县委常委 |
| 1987年6月23日 | 政协临夏回族自治州第六届委员会第一次会议 | 马如麒（保安族） | 副主席 |
| 1987年6月23日 | 政协临夏回族自治州第六届委员会第一次会议 | 马福元（保安族） | 副主席 |
| 1987年6月24日 | 临夏回族自治州第九届人民代表大会第一次会议 | 马如麟（保安族） | 副主任 |
| 1990年2月13日 | 中共积石山保安族东乡族撒拉族自治县第三次代表大会 | 丁生才（保安族） | 县委书记 |
| 1990年2月13日 | 中共积石山保安族东乡族撒拉族自治县第三次代表大会 | 陕成义（保安族） | 副书记 |

▲

积石山风光

## 当家做主

自治机关的设立和建设问题是我国的民族区域自治的关键。为充分保障少数民族在人民民主专政制度下享受公民的平等权利并充分行使自治权，1980年7月13日，省委发出为成立积石山保安族东乡族撒拉族自治县进行筹建工作的指示。临夏州为加强积石山保安族东乡族撒拉族自治县的筹建，决定选拔保安等民族的90名男女青年到自治州民族学校学习，毕业后全部分配自治县党政机关和企事业部门工作。1980年8月1日，成立中国共产党积石山保安族东乡族撒拉族自治县筹备委员会核心小组，辖16个人民公社党委，隶属中共临夏回族自治州委，组长马福元，副组长马如麟。

1980年10月15日，中共临夏州委根据省委组字［1980］26号文件批复成立中共积石山保安族东乡族撒拉族自治县工作委员会，马福元任工委书记，马如麟任副书记，中共积石山县筹委会核心小组停止其职。1981年5月20日，积石山保安族东乡族撒拉族自治县第一届人民代表大会在吹麻滩召开，自治县筹委会副主任马如麟做筹备委员会工作报告，大会选举马正云为县人大常委会副主任，选举马如麟为县长。并根据州政府批复，将大河家公社划分为大河家、四堡子两个公社，郭干公社划分为郭干、徐扈家两个公社。

从那时起，保安族地区正式宣告实行了民族区域自治，获得了民主权利和自治权利，根据本民族、本地区的情况和特点，自主地管理本民族、本地区的内部事务。当时的中共甘肃省委顾问杨植霖为庆祝积石山保安族东乡族撒拉族自治县成立，题诗一首：

积石山前载酒行，
高歌自治庆新生；
花儿喜唱真平等，
友爱相亲万古风。

9月30日，积石山保安族东乡族撒拉族自治县成立庆祝大会在吹麻滩中学操场隆重举行，3万各族人民载歌载舞欢庆自治县的成立。参加庆祝大会的有全国人大民族事务委员会和国家民族事务委员会的代表沈遐熙，甘肃省代表团团长吴鸿宾，副团长黄正清、郑重远、沙里士，中国社会科学院民族研究所所长牙含章，全国人大民族事务委员会、国家民族事务委员会、中共甘肃省委、省人大常委会、省人民政府、省政协、省军区发贺信贺电，中国社会科学院民族研究所、甘肃省委统战部、省民族事务委员会、西北民族学院赠送锦旗。自治县成立大会由马福元主持，马如麟报告筹备经过。自治县成立以后，在国务院和党中央的大力扶持和资助下，保安族群众在政治、经济、文化、语言文字、风俗习惯等社会生活的各个方面实现了民主权利和自治权利。

甘肃省广播电视村村通工程

民政救助人民群众得实惠

农家书屋

新能源沼气已进入千家万户

农村电影“2131”工程丰富了人民群众的文化生活

自治县成立的30多年来，保安族政治、经济、文化、社会各方面发生了巨大变化。

在政治上，保安族干部在数量上比自治县成立前有很大的提高，每届县政府县长都由保安族干部担任，乡镇基层也配备了一定数量的保安族干部，他们为自治县建设发挥了重要作用。

在经济建设方面，加强水利建设，农田改造，亩产有了大幅度提高；保安族的民族工业，从无到有，从小到大，现在已经形成产业规模，并成为甘肃省主要旅游产品之一，也是保安族群众增收的重要渠道。

庆祝自治县成立三十周年

低保金发放

生产一线上的保安族妇女

新型农村合作医疗解决了老百姓看病难的问题

保安族的交通，自治县成立后也有了很大发展，临（临夏市）大（大河家镇）公路通往保安族居住的村庄，村村道路实现了硬化，彻底解决了保安族群众出行难的问题。过去保安族群众吃水困难，自治县成立后加大人畜饮水工程建设，现在家家户户用上了洁净安全的自来水。

在教育方面，自治县成立后大力实施科技兴县战略，改善办学条件，保安族的适龄儿童得到受教育的机会，已全面实现“普九”教育。大中专学生入学率逐年提高，人才不断成长，并在保安族社会发展中发挥重要作用。保安族的医疗卫生通过县、乡、村三级医疗卫生建设，解决了保安族群众看病难的问题。

# 生态资源

保安族的命运似乎自始至终都和生态环境密切地联系在一起。从保安族的形成、迁徙，到最后落户在甘肃省大河家乡；从最初以农耕、狩猎、放牧为主要生产方式，到后来的以农耕、手工制作、劳务输出为主要生计方式的变迁，无不以生态环境作为基础。

积石山春色

保安族所在的甘肃省积石山保安族东乡族撒拉族自治县，地处甘肃省西南部，临夏回族自治州西北的小积石山东麓，属中温带寒冷地区。自治县位于东经102°43′～103°05′，北纬102°43′～102°52′之间，东南与临夏县相邻，西接青海省循化县，东北与青海省民和县隔河相望，东北与永靖县以黄河为界，全县总面积909.97平方公里，如果用干燥度来衡量，自治县农业区平均状况属于半干旱半湿润地区。

积石山保安族东乡族撒拉族自治县属于黄河中上游高原沟壑区。自治县境内地势西南高、东北低，与黄河河床成一倾斜面，靠近黄河有小面积的平川。西南部为高寒阴湿山区，东北部为高寒干旱山区，全县地质地貌属黄土高原的丘陵地区。县境内主要山脉是小积石山，由西北向东南横亘全县，成为全县群山的总枢，其他山丘纵向延伸到黄河谷地。积石山最高峰为雷积山，其次有葱花岭、拉锯山、尕尖山、五台山、拉扎山、青石山、石流山等。有源出积石山麓的三条峡谷——崔家峡、大峡和大墩峡，由这些峡水冲积而形成了羌滩、夹摊、吹麻滩、干河滩等滩地。西北部的积石峡内，有被称为西北高原上“西双版纳”的孟达天池，西南部积石山高峰有著名的达里架天池，还有九眼泉、神泉、五眼泉等山泉。

积石山自然资源丰富。除大理石外，还有黄铁、铜、石英和磷钾等矿藏；野生动物有苏门羚、鹿、香猿、岩羊、蓝马鸡、雪鸡、野兔、狐狸、狼、黄鼠狼、石貂、猞猁、野猪、野牛、水獭、娃娃鱼等。苏门羚、蓝马鸡、雪鸡为国家二类保护动物。野生药材有党参、当归、黄芭、贝母、丹参等90多种。这里盛产瓜果，如冬果梨、木梨，还有远近闻名的“鸡蛋皮核桃”。

自治县处于黄土高原与青藏高原交汇地带，地势上大致由西南向东北倾斜，海拔在1 742米～4 218米之间。自治县属典型的大陆性季风气候区，气温年际波动较大，冷热悬殊，冬天寒冷干燥，夏天酷热少雨。土壤呈现出明显的水平地带性和垂直地带性特点。自治县境内发源于小积石山的黄河一级支流主要有银川河、吹麻滩河、石源河、刘集河、大河家河，其中刘集河的汇水面积和流量较大。

积石山自治县受地形、地势、光照等多种因素的影响，自然

积石山保安族东乡族撒拉族自治县

干河滩水库

生态环境可以说是优势与劣势并存，不同地区间的生态环境差异较大。积石山县的生态优势为太阳能资源丰富，海拔高，大气透明度良好。生态劣势为矿藏资源贫乏和水能资源较缺，大部分地区处于半干旱状态，具有开发利用价值的河流只有银川河、吹麻滩河、刘集河和干河滩河为数不多的几条河流。保安族人就是生活在积石山县这种生态环境地区差异悬殊的环境中，处于“大劣势”中的“小优势”当中。

# 产业发展

保安族以农业为主，兼营牧业和手工业。

## 农业

保安族是个以农业为主的民族，早在青海省同仁地区生活的时候就已经从事农业生产，同时兼营手工业和商业。

保安族的农业耕作方式在迁徙前后发生了一定的变化。早先在青海同仁县时，保安族所耕田地大多是沿隆务河两岸的川水地，沿山脚下有少量的旱地，用的是乱粪、乱籽的粗放型耕作方法。农作物主要是青稞、小麦、豌豆、胡麻等。山区旱地以“轮歇制”耕作，生产工具多从外地购置。保安族也同当地其他民族一道，从隆务河上游野雀峡开凿渠道，引水灌溉，但

现代化农业管理技术

油菜籽大丰收

现代化机械的投入替代传统收割

农业生产水平总体上依然很落后。

保安族定居到今甘肃省积石山后，生产环境有所改变，农作物也有相应的变化。学习和吸收当地汉、回等民族的耕作方式和生产技术，逐渐掌握了调茬种地的耕作方式，并且学习了其他民族的先进经验，重视了选种，学会了拌种技术，农业生产技术得到了很快的提高。

引水灌溉工程

集约化养鸡

集约化养羊

暖棚养殖牛

## 牧业

保安族的牧业是由他们居住的环境决定的，“保安三庄”和其他保安族村庄，位于积石山麓，周围有丰美的草地，有利于畜牧生产。畜牧业在保安族的产业发展中占有重要地位。

保安腰刀传统打刀技艺

保安族商贩

## 手工业

手工业是保安族依附于农业的重要副业，也在保安族经济生活中起着重要作用，主要是金属加工业，有刀子匠、锁子匠、剪子匠、铜匠、银匠等，多以家庭手工业的形式进行。而其中的制刀业不仅具有比较悠久的历史，而且在技术和产品质量方面达到了很高的水平。后来保安腰刀形成一种刀具品牌，作为保安族优秀的传统工艺品而遐迩闻名。

## 商业

保安族经商传统由来已久，保安族聚居的大河家镇和刘集乡地处甘青两省和积石山、民和、循化三县交界处，曾是古丝绸之路上的重要通道，在民国初年形成集市，出现了几家比较大的商铺。其经商类型主要是行商，按照其资本和活动范围可分为以下几种类型：

**藏客、印度客** 主要往来藏区经营者。这类经营者资本多，与当地地方势力有联系，他们主要来往于西藏、青海、兰州、北京、天津、上海、成都，以及印度等地，贩运的货物有珍珠、古玩、铜器、刀子、珊瑚、布匹、水獭、印度烟及日用品。

满载而归

**松潘客** 主要来往于甘肃省、青海省至四川省等地的商客。这类商人的本钱一般不会超过千元，主要跑生意或放高利贷。

**短脚客** 本钱少的小商小贩。这类商人本钱主要从一二类商人处借，利息为30%～40%。经营小本生意，“跑短脚”是保安青壮年经常性的商业或副业活动。

**中原客** 主要来往于北京、天津、广州、汉口、上海等地，货物主要有珍珠、古玩、刀子、布匹、珊瑚、铝制品、药材及日用品。

## 副业

除了以上生产活动外，保安族还有一些副业活动，主要包括采集、狩猎、畜牧与饲养。

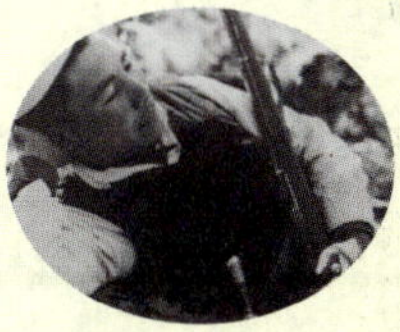

保安族猎手

保安族也十分喜欢打猎。以前在积石山上有很多野生动物，保安族自己制作猎枪上山打猎。保安族还喜欢养鹰，冬天下大雪的时候，好鹰的年轻人上山或在旷野里放鹰。保安族有一句俗语：“看了鹰抓兔，庄稼、买卖没心做。”可见放鹰抓兔、抓野鸡也是它的一种生产方式。

# 第九章
# 杰出人物

保安族的历史发展中，涌现出一批杰出人物。他们以民族事业为己任，走在时代最前端。他们为保安族竖起座座丰碑，是保安民族和中华民族事业的开拓者。

在保安族的历史发展过程中，有一批各方面的领军人物，他们来自不同的战线，但都为保安族的发展、进步，以及宣传、弘扬保安族优秀民族文化方面做出了巨大贡献，成为保安族发展史上的有着深刻影响力的人物。

## 马铭骥

马铭骥（1870—1951），字德庵，大河家镇干河滩人。1887年，投入宁海军当兵。因作风悍勇，又有机智，每战必为先锋，最后由一兵卒晋升为青海南警备区某部团长。1936年，甘肃省政府任命其为第五区保安司令部副司令。后回到青海，被聘为青海省政府顾问，因精通藏汉语言，被派任为九世班禅大师的翻译。1949年在夏河拉卜楞养病。1951年，在由夏河返回家乡大河家的途中去世。

## 马全德

马全德（1914—1975），大河家镇大墩村人，中共党员。1952年，保安族自治乡成立后，被吸收为国家干部，一直在家乡从事基层工作，成为一名优秀的基层干部。1956年，当选为中共甘肃省第二次代表大会代表。1959年、1964年当选为中国共产党甘肃省第三次、第四次代表大会代表。1964年，当选为第三届全国人民代表大会代表，成为保安族的第一位全国人大代表，出席第三届全国人民代表大会。

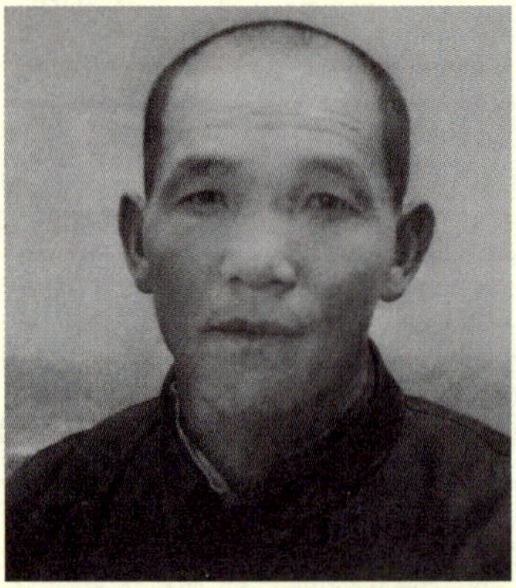

马全德

▲

大河家镇干河滩是马铭骥、冶陕家宝、马麦素三人的居住地

# 冶陕家宝

冶陕家宝（1917—1986），大河家镇干河滩人。他的童年非常不幸，12岁时父亲去世。因生活无靠，童年的他便跟舅父、保安族腰刀匠丁哈乃非学做腰刀，备受生活的艰辛。由于他不幸的遭遇，学习非常刻苦、勤奋，在舅父的传授下，成年时他掌握了制作腰刀的各种工艺、技术，学成出师后，终身以做腰刀为业。在长期制刀实践中，他继承保安腰刀的传统工艺，积极摸索创新，创制出“鱼刀”，使保安腰刀系列产品增添新品种。他制作的“鱼刀”，用工精细，造型美观，刃口锋利，张口时极富弹性，为其他刀匠所莫及，故在“保安三庄”群众中有“制作鱼刀，冶陕家宝最好”之誉。

1953年后，冶陕家宝不断创新，使新打制的“鱼刀”更加轻巧、美观、大方，特别在刀背上设计的弹簧更为奇巧。“鱼刀”销往甘肃、青海、西藏、新疆、黑龙江、吉林、辽宁、云南等省区，深受人们喜爱。冶陕家宝之子二洒、依素福，均为制作“鱼刀”的好手。

1986年5月10日，一代腰刀名匠冶陕家宝去世，享年69岁。保安族人民的传统工艺品——保安腰刀以工艺精美、刀刃锋利、装潢考究、经久耐用、品类繁多而闻名遐迩。它今天的盛誉和辉煌，倾注了一代代保安族刀匠的辛勤汗水和聪慧才智。

## 马麦素

马麦素，1918年出生，大河家镇干河滩人。马麦素16岁跟舅父、保安腰刀匠马木洒学习制刀工艺，19岁独立门户。新中国成立前曾在安西、永登、窑街及青海省民和县做腰刀谋生。新中国成立后长期在家中从事个体腰刀生产。马麦素创制出宝剑刀、哈萨克刀、什样锦、铁扁鞘等多种腰刀和刀鞘。制作的腰刀工艺精良，深得淬火技术要领，刀锋锐利，柔中带刚，尤以制作“什样锦”单、双刀见长。主要销往新疆、内蒙古等地，深得蒙古、藏、回、东乡、保安、维吾尔、哈萨克族等少数民族喜爱。

## 马世恭

马世恭，1922年出生，刘集乡高李村人。1929年，读初小，并开始学阿拉伯文。1935年，在青海昆仑中学就读。1942年，留校任英语教员。1943年，在四川北碚复旦大学选修新闻系。1944年，转入贵州黄埔军校分校第十九期炮科深造，时值第二次国共合作时期，日本入侵贵州，马世恭在贵州独山县一带抗击日本侵略者。1946年6月，毕业后分配到国民党第八十二军山炮营任教官。1949年，王震大军挺进青海之际，经马世恭说服、劝解，军参谋长马文鼎率大部官兵于9月2日武装起义，马世恭9月12日回乡在刘集中学任教。

1950年，马世恭任四堡子学校校长。1952年，受到不公正待遇。1978年，落实政策，恢复公职，1979年，到刘集中学任英文教员，多次被评为先进工作者和优秀教师，受到表彰奖励。1983年，州、县授予三十年教龄老教师荣誉称号，并发给“粉尘染就两鬓霜，心血养成四化材”横匾。1983年4月，任县政协副主席，省五届政协委员，同年5月10日参加陕西黄埔同学会，任理事，6月出席北京黄埔军校同学会首次代表大会。1985年10月，出席省政协委员为四化建设服务经验交流会，并被省政府授予“四化”建设积极分子。1987年6月，任临夏回族自治州第二届政协委员。全国政协七、八届委员。1988年后连续四次出席全国政协七届一、二、三次和第八届一次会议，受到党和国家领导人接见。在七届一次会上，《中国日报》记者张心波写了专访《保安民族的心声》。在任县政协副主席和委员期间，撰写的《马全钦二三事》被编入《临夏文史资料选辑》，协助县统战部登记黄埔军校校员及落实投诚人员政策，宣传党的政策；奔赴全县各地，积极调查研究，提交政协会议提案58件（次）。

# 马六十三

马六十三（1924—1950），白藏镇甘藏沟人。1949年8月22日，临夏解放，但溃散惯匪，在甘藏沟一带抢掠残害百姓，袭击革命干部，妄图扼杀新生的人民政权。马六十三和同村青年马东拉西，不顾反动势力的恫吓，毅然参加民兵，配合部队歼灭土匪，发挥了重要作用，做出了突出贡献。

1949年9月参加民兵组织，历任民兵副分队长、中队长。民兵分队组建不久，马六十三和马一奴四到邻村执行任务时，遭到马八娃为首的一伙土匪的袭击，因寡不敌众，两人不幸被俘。马八娃为了拉他入伙，许给他副队长的职位，他毫不动心。土匪对他严刑拷打，当面杀死马一奴四，逼他屈从，但他大义凛然，面无惧色，痛斥土匪暴行。后被解放军救出，伤势未愈，又积极投入到剿匪战斗。1950年3月，甘藏沟民兵在马六十三的带领和影响下，参加大小战斗12次，打死土匪2名，打伤4名，俘匪16名，劝降匪团长等官兵114名，缴获步枪31支，手榴弹14枚，战马36匹，以及刀、矛等兵器和羊只等财物，有效地保卫了当地人民生命财产的安全。

1950年4月，剿匪部队将马八娃股匪围困在尕阴洼地区，马六十三带领民兵积极配合。一匪首见势不好，带领7名土匪乘马逃跑。马六十三发现后，忍着伤痛，继续追击，抓获了土匪。1950年5月的一天深夜，马六十三得知3名土匪闯入龙川沟群众家中抢劫，他急带领7名民兵赶去解救。在战斗中，马六十三身中数弹，壮烈牺牲，时年26岁。

为纪念马六十三宁死不屈的精神，根据其生前的遗愿，中共临夏县委决定追认他为中国共产党党员，临夏县政府决定追认他为革命烈士。

# 马正云

马正云（1928—2004），大河家镇大墩村人，他是保安族中很有代表性的人物。

马正云

1943年，小学毕业后，他以优异的成绩考入刚刚成立的大河家私立魁峰中学。1946年，就读于青海昆仑中学。昆仑中学是当时青海省的重点中学，也是甘青地区很有影响的一所中学。校长由青海省政府主席马步芳亲自兼任，马步芳之子、国民党八十二军军长马继援即毕业于该校，马步芳的次子马续援也在该校读书，与马正云是同班同学。受学校一些有进步思想教师（西北歌王王洛宾就是马正云的音乐教师）的影响，他已经开始在思考民族如何进步和国家如何强盛等一些问题。

1949年6月，马正云高中即将毕业时，被马步芳强行抽调为军队的候补军官。刚刚20岁出头的马正云被任命为“少校兽医主任”之职。

1949年8月29日，中国人民解放军第一野战军解放了临夏。马正云是马全钦赏识的青年之一，当他得知马正云回到家乡的消息后，立即派人去大墩峡谷中寻找，把躲藏在峡谷中的马正云叫到大河家。

马正云回到大墩山庄后，即协助武工队开展工作，书写、张贴标语，宣传党的政策。作为本地人，他熟知当地各方面的情况，又有较高的文化水平，而且年轻肯干，工作踏实负责，很快就得到武工队的器重。经武工队提议，马正云被选为大墩村长。1949年9月，马正云先生参加革命工作即从此时算起。

1950年，临夏县人民政府成立，马正云被调到县政府任工商科科长。临夏地邻藏族牧区，当地有不少人从事牛羊皮毛的加工和贩运，而这些行业的偷税、漏税活动十分严重，使国家的税收受到不小的损失。马正云担任工商科长后，根据临夏县委、县政府的指示，制订了切实可行的打击偷税、漏税的工作计划，狠抓落实，收到了一定的效果。

新中国成立初期，党和政府十分重视各地民族干部的培养工作。西北地区民族众多，民族关系复杂，需要一批思想觉悟高、工作能力强的民族干部。中央决定从全国各民族中选拔一批优秀青年干部，保送到北京学习培养。马正云经临夏专员杨和亭、甘肃省民族事务委员会主任马青年推荐，于1951年6月到达北京，进入刚刚成立的中央民族学院，在“军政干部训练班”学习。

1952年10月，中央民族学院第一届学生课程的学习阶段结束，进入工作实习阶段，此时正值进行肃反运动，学生们被分派到中央人民政府民族事务委员会（今国家民族事务委员会），他的工作是给李维汉、刘格平、甘春雷、刘春、杨静仁等人送交材料。

党和国家十分重视新中国成立后培养的首批民族干部，在中南海怀仁堂举行了首届民族干部训练班毕业欢送会，毛泽东、朱德、刘少奇、周恩来、彭真、沈钧儒、十世班禅等党和国家领导人出席了这次会议，对他们提出了要求和期望。这次盛会给马正云和他的同学们留下了终生难忘的印象，是他们一生中经历的最重要的事情之一。

1952年底，马正云回到临夏地区，担任临夏专员公署卫生科副科长（副县级）。1954年，在临夏县人民代表大会上他被选为副县长，走上了领导岗位。1956年9月，他作为甘肃省少数民族参观团代表，赴北京参加国庆典礼，再次登上了天安门观礼台，随后又随代表团赴天津、南京、上海等地参观，了解社会主义建设的成就，开阔了眼界，革命信心更为坚定。

1980年6月，国务院批准成立“积石山保安族东乡族撒拉族自治县”，马正云担任了筹备委员，为自治县的成立积极筹划，做出了自己的贡献。翌年9月积石山保安族东乡族撒拉族自治县正式成立，他被选举为县人民代表大会第一副主任。

马正云是甘肃省政协第一至六届委员，在就任积石山自治县人大常委会副主任期间，为了使自治县早日脱贫致富，他多次借参加省政协会议的机会，提交各个方面的议案，并引起重视，使积石山自治县的不少实际困难和问题得到解决。1990年，马正云光荣离休后，但他仍关心和致力于家乡的建设事业。

## 马如麟

马如麟（1931—2005），大河家镇干河滩人，中共党员。新中国成立前毕业于甘梅初级小学。新中国成立后，1951年，被选送到西北民族学院学习，期间参加了土改运动，1952年秋毕业后分配到临夏县民族贸易公司工作。1954年，到中央民族学院语言系学习，曾在中国科学院少数民族语言研究所、语言调查队工作。1955年国庆节，参加庆祝游行活动，接受了毛泽东、周恩来等党和国家领导人的检阅。1958年后，在临夏县法院、检察院工作，1965年任临夏县检察院检察长。“文化大革命”开始后，一度受到迫害，被打入“牛棚”。1969年5月1日，被选为全国少数民族“五一”观礼团成员，代表保安族参加了北京的“五一”庆祝活动，并到延安、遵义、重庆等地参观。1969年7月，到中共

1986年，甘肃省委书记李子奇在积石山保安族东乡族撒拉族自治县委书记马如麟（左二）的陪同下视察工作

临夏县委信访室工作。1970年后，历任居集粮站站长、临夏县农业局副局长、临夏县法院院长、公社书记等职。1980年2月，任临夏回族自治州中级人民法院副院长、党组成员。1980年8月，任中共积石山保安族东乡族撒拉族自治县工作委员会副书记、筹备委员会副主任，为自治县成立做了大量卓有成效的工作。1981年5月召开的积石山保安族东乡族撒拉族自治县第一届人民代表大会上，当选为第一任县长。1985年6月，任中共积石山县委书记。1987年7月，在临夏回族自治州第九届人民代表大会第一次会议上当选为州人大常委会副主任。1988年3月，当选为第七届全国人民代表大会代表。

# 韩福祥

韩福祥（1933—1999），柳沟乡袁家村人。1953年参加民兵，曾任民兵队长、连长、营长、袁家村保卫股长。1956年加入中国共产党。1960年4月，全国治安模范、民兵英雄大会在首都北京隆重召开，韩福祥作为一位保安族青年被国家军事委员会授予“少数民族民兵英雄”称号，并受到毛泽东主席等党和国家领导人的接见。

1958年8月，甘肃省广河县、东乡县部分地区发生反革命武装骚乱。9月20日晚，临夏县吹麻滩公社（今属积石山保安族东乡族撒拉族自治县）李家台的土匪，图谋杀害民兵和吹麻滩公社领导以扩大事态，搞更大的叛乱活动。当时公社领导带领六七名干部在袁家大队石家村（今吹麻滩镇前岭村）开展工作，当晚住在村民家中，时任民兵连长的韩福祥率11名民兵执行警戒任务。零时，韩福祥把岗哨交给一位民兵后去休息。凌晨3时左右，叛匪悄悄来到石家村，埋伏在公社干部居住的村民家周围，企图进去里应外合，杀人夺枪。一位民兵见叛匪带人深夜至此，且有陌生人，便警觉起来，把叛匪堵在门外，同时发现不远处还有数人偷偷向这里靠拢。在这紧急关头，民兵边阻挡边大声喊韩福祥的名字。韩福祥听见喊声，立即提枪夺门而出，几名叛匪从门边闪出死死抱住他，其余叛匪用长矛、刀子乱捅、乱戳。他奋力挣扎，与叛匪英勇搏斗。这时一叛匪的刀刺进了他的左颚，他忍着剧痛，用牙紧紧咬住刀子。叛匪拔不出刀子，被韩福祥的这种气概吓慌了，这时又听里面有人出来，便弃刀而逃。待大家出来时，一位民兵已牺牲，韩福祥昏倒在血泊中。韩福祥在同敌人的英勇搏斗中，身体被敌人刺伤达26处之多，重伤11处。在浑身是伤的情况下，他仍以惊人的毅力、大无畏的气魄，用牙死死咬住匪徒的刀子，同他们搏斗，保卫了公社干部和民兵的安全。此后这伙叛乱分子被当地公安干警和民兵或捉，或击毙。

重伤的韩福祥被送往临夏县韩集医院，经过医护人员30多天的精心救护，奇迹般的活了下来，伤愈出院，又投入到工作和战斗中。

韩福祥的英雄事迹，得到了各族人民的高度赞扬，党和政府给予了他很高的荣誉。1958年10月，临夏县政法委党组给他记一等功。1958年底与1959年10月，他两次参加临夏州群英会，被授予“一不怕苦、二不怕死”的“两不怕”民兵连长荣誉称号，获甲等奖。1960年3月，参加了甘肃省民兵代表大会；4月，光荣出席了在北京召开的全国治安模范、民兵英雄大会，被国家军事委员会授予“少数民族民兵英雄”称号，奖给他一支半自动步枪，并受到毛泽东主席等党和国家领导人的接见。

在以后的岁月中，韩福祥始终以一个英雄的标准严格要求自己，投身到社会主义建设中，多次被评为先进工作者、勤奋致富和扶贫帮穷先进个人。当地各族群众亲切地称他为“新时代的老英雄”。

1999年8月6日，韩福祥因病逝世，享年66岁。

## 马世铭

马世铭，1933年出生，刘集乡高李村人。1954年8月毕业于西北民族学院法律系，先后在会宁县人民法院、青海省高级人民法院工作，从事司法工作16年。1972—1974年在青海汽车配件厂任保管员。1975年后，一直在青海教育学院（现青海师大教育学院）任教，任讲师、副教授。1986年在重庆与湘、黔、滇、川、渝等地师范院校的部分教师合编《新编中国革命史教程》一书，作为所属高校文科使用教材，写有《建国初期的形势与国策》《青海骑兵师东下抗日始末》论文两篇，发表在学院学报。1987年后连续两次荣获学院级教书育人优秀工作者光荣称号。

# 绽秀义

绽秀义（1935—2009），大河家镇梅坡村人。农民作家。从1981年开始业余搞文学创作。曾在《河州文艺》《驼铃》《民族文学》《回族文学》等刊物发表小说、散文20余篇。其中《柳叶青青》荣获第二届全国少数民族文学创作优秀散文奖、甘肃省第二届少数民族文学创作特别奖、《驼铃》文学荣誉奖，同时获甘肃省优秀文艺作品证书。散文《家门口的榆树》荣获临夏回族自治州庆祝新中国成立40周年文学评奖优秀作品奖。小说《麻拉巴过节》获全州少数民族文学创作奖、全省少数民族文学创作奖。1983年6月10日，绽秀义创作的小说《麻巴拉过节》获甘肃省少数民族文学二等奖。

绽秀义居住地——梅坡

# 马世忠

马世忠，1936年出生，刘集乡高李村人，中共党员。1962年，毕业于甘肃农业大学农学系，获学士学历，毕业后到新疆维吾尔自治区泽普县工作。1983年，调入中国科学院新疆分院老专家处任副处长，后到中国科学院新疆生态与地理研究所工作。他先后参与了中科院重大项目“荒漠绿洲农业生态系统结构功能与提高生产力途径”的研究；主持研究“农田生态系统优化模式”子课题；参加并主持新疆重点项目“塔里木河流域航空遥感调查资源”“渭干河流域中低产土整治与综合开发”，有些研究项目已达到国内领先水平。曾获省部级科研成果二、三等奖两项。编著《中国西部现代农牧文选》一书，参加编写了《荒漠绿洲生态系统》《牛羊饲料加工与利用》两部著作；发表论文30余篇，部分论文被收入《中国现代农业文集》。1988年3月，被聘任为中国科学院生态与地理研究所农业生态学高级工程师、新疆维吾尔自治区名优特产农产品开发中心教授、中国土壤学会会员。

马世忠

# 马黑娃

马黑娃，1940年出生，大河家镇大墩村人，花儿歌手、故事能手。其家乡背靠积石山，面对黄河水，9岁放羊时就用“花儿”相伴，之后多次参加在省、市（州）、县的文艺演出活动。

1979年代表保安族歌手出席在北京举行的“全国少数民族民间歌手、诗人座谈会”，演唱了“花儿”《保安令·“四化”的大路（哈）要走哩》，受到与会者好评。马黑娃属“满口腔”歌手，声音浑厚，善用滑音和颤音，受到赞誉。擅长的曲令有《保安令》《水红花令》《撒拉令》等。

马黑娃

# 丁生智

丁生智，1948年出生，1970年1月参加工作，1976年加入中国共产党。迄今为止，他是保安族唯一的中国摄影家协会会员，甘肃省摄影家协会理事，临夏回族自治州摄影家协会理事。摄影作品先后在省、州各类摄影展中展出并获奖。很早喜爱文学创作，诗歌作品曾在省级刊物发表，20世纪80年代初就开始收集整理研究保安族历史文化，为宣传保安族做了许多有益的工作。

丁生智

# 马瑞

马瑞，1949年出生，大河家镇大墩村人。“花儿”歌手和“调把式”。保安族丰富的民歌伴随着他成长，他从甘青两省的“花儿”会，回、东乡、保安、撒拉等民族的宴席场，以及日常生活的歌唱活动中汲取营养，学唱民歌，成为一名优秀的

马瑞

歌手。

1971年，高中毕业后，他一直在保安族聚居地小学从事教学工作，工作之余积极参加文艺表演。保持浓郁的保安族民歌风味，善于吸收其他歌手的“闪光”之处，注重开掘民歌艺术的感情色彩，是马瑞演唱的特点。他通晓多种“花儿”曲令，擅长《河州三令》《尕马儿令》《保安令》。2006年，被甘肃省民间文艺家协会命名为“甘肃省优秀花儿歌手”。他是保安族有名的“调把式”，他演唱的打调《今晚上的东家是死哼哼》，语言俏皮得体，曲美词巧；演唱的《狠汉子上口外》，快慢、强弱变化得体，用顿音、连音及顿连音结合等唱法，完成情绪的多样转换，使演唱环环紧扣，波澜起伏，深受人们的喜爱。

马瑞利用业余时间搜集和整理保安族语言与民间故事，曾获甘肃省文化厅“甘肃省农村文化先进个人”称号。1999年，被国家教育部、中华慈善总会授予“烛光奖”，曾在《河州》杂志、《陇苗》刊物上发表过多篇民间故事。2008年，被确定为省级非物质文化遗产保安族口头文学及语言传承人。

# 马克苏米

马克苏米

马克苏米，女，1949年出生，大河家镇干河滩人，中共党员。1974年，先后任干河滩大队妇联主任、村党支部副书记。1979年，当选为甘肃省第五届人民代表大会代表。1978年，当选为第五届全国人民代表大会代表，成为保安族妇女中第一位全国人大代表，并在第五届全国人大第一次会议上当选为全国人大民族委员会委员。在会议上递交了设立积石山保安族自治县、修建大河家黄河大桥等提案。马克苏米作为全国人大代表，在1980年6月14日国务院批准成立积石山保安族东乡族撒拉族自治县成立事宜和1988年大河家黄河大桥立项建设等方面发挥了应有的作用。

# 马世仁

马世仁，1951年出生，刘集乡高赵家村人。1972年从吹麻滩中学高中毕业后被吸收为临夏县文艺宣传队业余队员，后于同年9月到吹麻滩秦川牛场做临时工，从事放牛和炊事工作，期间仍坚持学习，提升自己。

马世仁

1974年，马世仁到西北农学院水利系学习深造。从此，他的命运发生了转折。大学毕业后被分配到临夏县水电局工作，任技术员，后又任吹麻滩水管所副所长、临夏县水电局副局长。1985年，在积石山保安族东乡族撒拉族自治县二届二次人代会上，马世仁当选为县长。1990年，调任为中共临夏县委副书记。1990年2月，被选举为临夏县人民政府县长，连任两届8年。

1997年3月，马世仁当选为州政协副主席，主管文化、教育、卫生、科技等工作。

马世仁一直热心于民族历史、文化的整理研究工作，在政协工作期间，曾亲自主持征集、编辑《中国保安族》和《中国东乡族》两本史料专辑，2004年，参加《中国少数民族古籍总目提要保安族卷》的征集资料工作并担任该卷的副主编。期间，他曾不辞劳苦多次前往青海同仁、贵德、尖扎等地搜集关于保安族的资料，获得了珍贵的史书文献。2006年7月，应邀参加了教育部人文社科重点研究基地、兰州大学西北少数民族研究中心主办的首届中国回族学高级论坛，并发表了《保安族族源考证》一文。深入浅出地向与会各位代表介绍了自己在保安族历史研究领域中的诸多新成果，受到了专家、学者的一致好评。

马世仁是当今掌握保安族历史知识最全面、最细微的本民族学者。目前，他正在积极地整理自己关于保安族的历史资料，并准备将其编辑出版。相信通过他的努力，保安族的历史问题将会为学术界呈现一个相对清晰的脉络，许多问题都有望得到定论，他也会成为研究保安族历史的集大成者。

## 马秉勋

马秉勋，1957年出生，祖籍大河家镇，生于夏河拉卜楞。1982年毕业于西北民族大学藏学学院，本科学历，学士学位。现为甘肃省藏学研究所副所长，副研究员，《安多研究》期刊副主编，中国管理科学研究院特约研究员，兼任甘肃省藏学研究会理事等学术团体职务。曾在拉卜楞寺文物管理委员会工作，从此对佛教文化产生兴趣，投拜僧侣学者修习佛教知识。兼通藏、汉两种语言文字，刻意钻研藏文文献资料，他实事求是，学风严谨；擅长民族宗教史、民族关系史、专事“拉卜楞寺研究”课题，产出阶段性系列成果，出版《嘉木样呼图克图世系》《拉卜楞寺活佛世系》《拉卜楞寺的社会政教关系——拉卜楞寺发展策略研究》3部专著，发表学术论文约30多篇。

马秉勋

# 马红莲

马红莲，女，1966年出生，大河家镇人。中国音乐家协会会员，保安族著名“花儿”演唱家。

马红莲1984年以优异的成绩考入甘肃省艺术学校声乐班，系统学习音乐理论、演唱技巧和发声方法，并专攻“花儿”演唱。1988年，分配到甘肃省歌剧团工作。从此活跃于甘肃省内外的演艺舞台。几度赴京演出后，又进入中央民族学院音乐系深造，进一步提升了专业水平和理论素养。1994年，暂别歌坛，随丈夫旅居美国，10年后回国，一头扎进“花儿”艺术的海洋里，不断汲取营养、丰富底蕴，参加国家级、省级各种大型演唱活动，被誉为大西北的“花儿公主”。

马红莲

马红莲自幼性格活泼热辣，酷爱“花儿”，与“花儿”有着弃之不去的情缘。她的演唱音质纯净、音律动听、情感丰富。1989年，与青海“花儿王子”马俊一起制作出版了录音专辑《马五哥与尕豆妹》。她用抒情而缠绵的歌喉，把流传于甘肃河州农村的长篇叙事“花儿”，演唱得凄怆而悱恻，具有撼人心魄的艺术表现力，给听众留下深刻的印象。后来，又录制了叙事“花儿”《姣姣女》，从此闻名大西北。

马红莲旅美10年，乡情乡音未改。2003年，制作出版的个人DVD演唱专集《红莲花儿美》，既收录了传统的“花儿”，也收录了一些在“花儿”基础上改编的歌曲和具有“花儿”风格的原创歌曲，再加上现代音乐的包装，令人耳目一新。

随后，马红莲在中央电视台录制的《五十六个民族》《盛世和谐赞》，以及甘肃电视台春节联欢晚会等大型节目中频频亮相，“花儿公主”的歌声从河州老家唱到京城舞台，从西北边陲唱到大洋彼岸。“花儿”，早已不再只是你亲我爱的“山歌野曲”，而是被列入国家非物质文化遗产名录的民族民间文化瑰宝。

2013年底，马红莲的《中国花儿对唱经典——一辈子不分开》被誉为“花儿”演唱领域新的里程碑和精彩盛宴，被称为是传承保护弘扬“花儿”艺术的巅峰之作。2014年，“百花迎春——中国文学艺术界春节大联欢”晚会上，马红莲和著名甘肃籍艺术家吕继宏、张莉、张保和、何清祥等联袂演唱歌曲《甘肃老家》，反映了改革开放以来甘肃大地翻天覆地的变化，抒发和寄托了甘肃籍文艺家对家乡的眷恋和热爱，令人荡气回肠。

# 马邦河

马邦河，1974年出生，刘集乡高赵家人，高赵家门宦教长，高中文化程度。2002年6月，任高赵家门宦教长。他担任教长后，按照教义严于律己，宽以待人，坚持教门功修，教育该门宦信众遵守教规，鼓励孩子上学，接受新事物，成为国家有用人才。

他特别重视教育信众爱国爱教和与各民族、各教派之间的团结。

马邦河

他热心教育等公益事业，在兼任高李春蕾小学名誉校长期间，2007年学校改扩建，他带头捐款3万元。还积极向各级政府反映社情民意，争取项目，先后解决了全村800多户近5 000人的吃水问题，硬化农村道路15公里。他经常扶贫济困，捐款捐物，亲自关照，帮助许多困难和受灾、患病的群众渡过了一个又一个难关，还解决了10名特困学生的上学困难，赢得附近群众广泛的赞誉。

他先后当选积石山保安族东乡族撒拉族自治县六、七届政协委员、常委，政协甘肃省第九届委员会委员，甘肃省伊斯兰教协会副秘书长，州、县伊斯兰教协会副会长。2006年5月8日至12日在北京召开的中国伊斯兰教第八次代表大会期间，任主席团成员，并当选为中国伊斯兰教协会委员。2008年2月当选为第十一届全国政协委员，2013年1月再次当选为第十二届全国政协委员。

# 参考文献


1. 保安族简史编写组. 保安族简史. 兰州：甘肃人民出版社，1984
2. 马少青. 保安族. 北京：民族出版社，1989
3. 马克勋. 保安族文学. 兰州：甘肃人民出版社，1994
4. 马少青. 积石山的路. 兰州：甘肃人民出版社，1999
5. 马少青. 保安族文化形态与古籍文存. 兰州：甘肃人民出版社，2001
8. 马少青. 保安族研究文集. 兰州：甘肃人民出版社，2006
7. 马少青. 保安腰刀. 兰州：甘肃人民出版社，2009
6. 马少青. 中国保安族. 沈阳：辽宁人民出版社，2012

# 图片提供者

（按姓氏笔画为序）

**丁生智**
第 12 页
第 16 页（上）
第 18 页
第 22 页
第 23 页
第 24 页
第 41 页（上）
第 42 页
第 54 页
第 56 页
第 57 页
第 58 页
第 59 页
第 61 页
第 63 页
第 70 页
第 72 页
第 78 页
第 79 页
第 89 页
第 92 页
第 104 页
第 111 页
第 112 页
第 115 页
第 116 页
第 126 页
第 130 页
第 133 页（下）
第 136 页
第 140 页
第 148 页

**马少青**
第 16 页（下）
第 20 页（上）
第 73 页
第 76 页（上）
第 83 页
第 96 页
第 97 页
第 98 页
第 99 页
第 101 页
第 102 页
第 105 页
第 106 页
第 109 页
第 110 页
第 118 页
第 119 页

**马世仁**
第 32 页
第 33 页
第 34 页
第 35 页
第 152 页

**马正云**
第 19 页

**马沛霆**
第 49 页（下）

**马强**
第 28 页
第 29 页
第 30 页
第 31 页
第 46 页
第 49 页（上）
第 66 页
第 67 页（左）
第 81 页
第 142 页
第 153 页（上）
第 154 页
第 155 页

**杜雨林**
封面图片
第 10 页
第 13 页（下）
第 38 页
第 39 页
第 41 页（下）
第 43 页
第 44 页
第 45 页
第 47 页
第 48 页
第 52 页
第 60 页
第 64 页
第 65 页
第 67 页（右）
第 68 页
第 69 页
第 74 页
第 75 页
第 76 页（下）
第 77 页
第 80 页
第 84 页
第 85 页
第 86 页
第 87 页
第 88 页
第 103 页
第 122 页
第 127 页
第 128 页
第 134 页
第 135 页
第 137 页
第 138 页
第 139 页
第 151 页
第 153 页（下）

**杜奕星**
第 14 页
第 20 页（下）
第 21 页
第 40 页
第 124 页
第 143 页

**《保安腰刀》**
第 90 页
第 91 页

**南丁**
第 15 页
第 51 页
第 95 页
第 146 页
第 156 页
第 157 页
第 158 页

**赵云才**
第 13 页（上）
第 17 页

**腾海霞**
第 131 页
第 132 页
第 133 页（下）

# 后记

去年初，接到辽宁民族出版社的约稿，要我承担《走近中国少数民族丛书·保安族》的写作任务，当时非常高兴地接受了这项工作。我认为，国家民委文宣司和辽宁民族出版社共同策划的这套丛书，从编写宗旨和原则，都是一个创新的设计。这套丛书的编辑出版，对于进一步加强中华各民族之间的了解，促进民族团结进步，推动民族地区政治、经济、文化、社会的发展，有着十分重要的现实意义。

我是一个出生在甘肃省积石山保安族东乡族撒拉族自治县大河家镇大墩村的保安人。我热爱我的家乡，热爱我的民族，更热爱保安族的兴旺发达。我虽然长期从事党政工作，但几十年来一直没有放弃文学创作，以及对保安族历史、文化、民俗风情的搜集和研究，这缘于让我成长的这一片土地的深情。我只能用这支笔来报答关怀我的父老乡亲。多少年来我除了出版发表保安族文学作品外，也出版了许多有关保安族历史、民俗研究的专著。多年来的笔耕，其实有一个很简单的愿望，就是想让更多人了解和认识保安族这个只有一万多人口的少小民族，促使这个民族在中华民族文化大家庭中有更多的交流。但愿这本《走近中国少数民族丛书·保安族》会起到一定的宣传、交流作用。

本书采用文图并茂的形式，所用照片的数量比较多。这些珍贵的照片，除了我在20世纪80年代拍摄的其余大部分由杜雨林和丁生智先生提供，还有一些照片是马世仁、马强、杜奕星、马沛霆、南丁、赵云才、腾海霞提供的。在此，我向他们表示感谢。

马少青

2014年12月